VICENTE VALERO

Die Fremden

Aus dem Spanischen
von Peter Kultzen

BERENBERG

Kurze Geschichte des Leutnants Marí Juan

1

Ob der Mann, dem es nie vergönnt war, zu hören, dass ihn jemand Großvater nannte, ja nicht einmal Vater – obwohl er Großvater und somit auch Vater war –, schlanke, knochige Hände und große, dunkle Augenbrauen hatte wie ich, oder wie ich in der Jugend häufig von Lippenbläschen gequält wurde, habe ich nicht herausfinden können, ist doch bis heute nicht ein Foto des Leutnants Marí Juan aufgetaucht – kein Familienalbum, keine Kommodenschublade, und sei das Möbel noch so alt, kein Stapel von Porträts Unbekannter, wie sie sich mit der Zeit und auf welchem Wege auch immer in jedem Haushalt ansammeln, hatte etwas Derartiges aufzuweisen. Weder ich noch wer sonst Anspruch darauf erheben könnte, in einer besonderen Beziehung zu ihm zu stehen, ist jemals an ein Bild von ihm gelangt – vorausgesetzt, es hat welche gegeben, aber das muss es, wenigstens im Archiv der Schule in Valencia oder der Garnisonen der spanischen Kolonialtruppen in Afrika, um nur einige Orte zu nennen, an die man ihn schickte, Orte, an die er sich willig begab und wo er sich, mit zweifellos gleicher Intensität, glücklich und unglücklich fühlte. Dass es in unserer Familie kein einziges Bild von ihm gibt, habe ich wohl nie so bedauert wie jetzt, wo ich die erste Seite dieses Buches schreibe und gerne so genau wie möglich seine äußere Erscheinung wiedergeben, ein zufriedenstellendes Porträt von ihm entwerfen und dabei auch etwas über seine Nase und seinen Mund sagen und seine Arme und Beine beschreiben würde, wie ich auch gerne wüsste, ob sich bei ihm zum gleichen Zeitpunkt wie bei mir der Haarausfall bemerkbar gemacht hat, vor allem aber, ob er die Welt tatsächlich mit dem melancholischen Blick eines alleingelassenen jungen Menschen betrachtete, wie ich es mir seit jeher habe vorstellen wollen. Um des jungen Mannes ansichtig zu werden, der er zum Zeitpunkt seines Todes, mit gerade einmal achtundzwanzig Jahren, war, bleibt mir also nichts anderes übrig, als diesen fremden Verwandten immer wieder mithilfe fremder Erinnerungen in den Blick zu nehmen – als jungen Mann in jedem Fall, denn das war er und ist er seitdem geblieben und wird es auch für immer sein. Wie ich auch versuchen muss, den Vater in ihm zu erkennen, der er zu Lebzeiten gerade noch werden konnte, ja sogar den Großvater, als den er selbst sich wohl kaum je hat vorstellen können, dafür blieb ihm nicht genug Zeit, weshalb *ich* ihn mir nun als Großvater vorstelle und ihm zugleich eine neue Identität verschaffe, die sich aus dem speist, was die Jahre und das Vergessen aus seiner flüchtigen Gestalt gemacht haben.

Über Pedro Marí Juan, der im Jahr 1900 in dem alten fruchtbaren Mornatal im Nordosten Ibizas geboren wurde, als Sohn des Bauern Vicente Marí Guasch – der sein Geld, eine ganze Menge Geld, vor allem durch Straßenbau verdiente, genauer gesagt, durch das Anlegen befestigter Feldwege – und seiner Gattin María Juan Tur – die, wie es stets hieß, eine anmutige und fleißige Frau war –, habe ich im Lauf der Jahre verschiedene Äußerungen und Berichte zusammentragen können. Für gewöhnlich beziehen sie sich nur auf einzelne Episoden seines Lebens, und manchmal widersprechen sie einander auch. Aus dem Mund seiner fünf Schwestern, die alle schon alt waren, als ich noch ein kleiner Junge war, bekam ich herzenswarme Schilderungen seiner Kindheit zu hören, voll unvergesslicher Streiche und unverkennbarer Anzeichen einer herausragenden Intelligenz, Geschichten von einem mageren, nervösen Knaben, der unweigerlich einschlief, wenn die Familie sonntags auf dem Karren zur Kirche fuhr, und der sich die Herkunft des ersten, auf der Insel so seltenen, Schnees, den er in seinem Leben zu sehen bekam, durch das Treiben eines boshaften kleinen Geistes erklärte, der des Nachts kurzerhand die Schafe geschoren hatte. In diesen Erinnerungen – die ich, damals selbst ein Kind, mit weit aufgerissenen Augen aufnahm, in jeder Hinsicht bereit, mich in Staunen versetzen zu lassen – schien ein unbekannter, aber äußerst amüsanter Großvater endlich aus seinem langen Dämmerschlaf zu erwachen. Die Erzählungen der alten Frauen rief ich mir wieder und wieder ins Gedächtnis, sie bedienten sich stets der gleichen Worte, die von geschwisterlicher Liebe und einem – vielleicht ein wenig übertrieben – schmerzlichen Klang erfüllt waren, lag das Unglück dafür doch fast schon zu weit zurück, außerdem war der Bruder, dem so viel Verehrung zuteil wurde, eigentlich auch für sie ein Fremder gewesen. Wie und warum mein Urgroßvater Vicente Marí darauf kam, aus diesem Jungen einen Mann machen zu wollen, der anders als die anderen war, weshalb er ihn schon früh aus dem Haus voller Schwestern und Schafe entfernte, habe ich nie gefragt, niemanden, der es vielleicht hätte wissen können, eine möglicherweise befriedigende Antwort könnte jedoch lauten, dass er sich zeitweilig reicher vorgekommen sein muss, als er, wahrscheinlich, in Wirklichkeit war, was ihm zugleich das Gefühl vermittelt haben muss, er könne das Schicksal der Familie wenigstens in einem Spross einen anderen Lauf nehmen lassen, genauer gesagt, es in dieser Hinsicht, wie wir gleich sehen werden, den besseren Herrschaften aus der Stadt nachtun. In jedem Fall war mein Großvater nicht sein einziges Kind. Neben den fünf Schwestern gab es noch einen älteren Bruder, der Vicente hieß, wie der Vater, und dazu bestimmt war, eines Tages den Hof zu erben, was ihn gleichzeitig dazu verdammte, von früh auf hart arbeiten zu müssen. Pedro Marí Juan wiederum fiel eigentlich qua Geburt die Rolle zu, die in den straff organisierten und starr an den überkommenen Traditionen festhaltenden Bauernfamilien der Insel für den Zweitgeborenen vorgesehen war – zu gegebener Zeit hätte man ihn, ohne sich das Geringste dabei zu denken, der Kirche oder dem Militär übergeben. In diesem Fall jedoch – soll heißen, in *unserem* Fall – waren, was den Sohn betraf, unbestreitbar besondere Fähigkeiten und, was dessen Vater anging, besondere Ambitionen vorhanden, weshalb es zu einer Abweichung beziehungsweise Neuerung kam, die nicht nur das Misstrauen der Nachbarn, sondern auch Besorgnis beim örtlichen Pfarrer und zweifellos Ärger auf Seiten der Mutter hervorgerufen haben muss, beschloss der Landwirt und Straßenbauer Vicente Marí Guasch doch, dass sein jüngerer Sohn Anwalt werden solle. Aber was bedeutet das, ein Anwalt werden? Das musste er den Schwestern und dem Bruder des Auserkorenen erst einmal erklären, und diesem selbst natürlich auch, auch wenn der es zweifellos weder beim ersten noch beim zweiten Versuch richtig begriff, war er doch noch keine acht Jahre alt, als man ihn aus seinem Kindheitsparadies vertrieb, in dem der Schnee Schafwolle war und die Ladefläche des von einem Maulesel gezogenen Karren eine Matratze, auf der man sich in seiner Sonntagskleidung behaglich ausstrecken und bis zur Ankunft bei der Kirche seelenruhig schlafen konnte. Der Anwaltsberuf war für gewöhnlich den Söhnen der wohlhabenden Familien aus der Stadt vorbehalten, die man zum Auftakt ihrer Ausbildung noch vor der ersten Kommunion in eine Franziskanerschule in Valencia steckte. Die erste Station ihrer langen Reise in eine glückliche Zukunft war nicht ohne Grund so weit von zu Hause entfernt – das Meer, und erst recht das Meer jener Tage, das auf dem Weg dorthin überquert werden musste, machte ausnahmslos allen klar – und wie! –, welcher Platz ihnen auf dieser Welt zukam. Können wir uns also den

Tag der Abreise vorstellen, die Fahrt zum Hafen, die weinerlichen Schwestern, die aber sicherlich auch immer wieder lächelten, hatten sie doch nicht oft Gelegenheit, in die Stadt zu kommen, den ernst und gesetzt dreinblickenden Erstgeborenen, der sich mehr denn je seiner Rolle anverwandelte, die immer noch verärgerte Mutter, die womöglich zu Hause blieb, den Anblick des kleinen Schiffs – wahrscheinlich handelte es sich um die *Lulio*, einen eleganten, wenn auch ein wenig in die Jahre gekommenen Postdampfer – und dazu die vier oder fünf, keinesfalls mehr, Sprösslinge der reichen und bedeutenden Familien, die an diesem Tag mit demselben Ziel an Bord gingen und die der kleine Bauernsohn aus Morna nun kennenlernen würde? Mehr können wir vorläufig nicht tun, »das ist alles, und Schluss!«, wie meine Mutter, soll heißen: seine Tochter, sagen würde. Wobei wir den Schauplatz nur zu gut kennen, schließlich mussten auch wir oft genug an diesem Hafen Abschied nehmen, bevor es nach Valencia ging – oder nach Barcelona oder Palma oder Alicante –, ein Schauplatz mit klar bestimmten Nebenfiguren, die wir alle, oder fast alle, gut kennen oder gekannt haben, auch wenn sie nie etwas zu dieser Erinnerung beitrugen, und natürlich mit der Hauptfigur, unserem geliebten fremden Verwandten, der schließlich verwirrt dreinblickend mit seinem nagelneuen Koffer und seinem ebenfalls nagelneuen Anzug ein Schiff besteigt, das er noch nie gesehen hat und das ihn unweigerlich an einen Ort bringen wird, an dem ihn ein völlig anderes Leben erwartet.

Dass Pedro Marí Juan kein Anwalt wurde, wissen wir, aber was können wir über den Schüler sagen, der das ganze lange und strenge pädagogische Ritual seiner Kindheit und Jugend absolvierte, sich anschließend aber nicht im Glanz seiner Beredsamkeit sonnen wollte, wozu er eigentlich bestimmt schien, sondern den Glanz der militärischen Uniform vorzog, an den er womöglich auch auf wesentlich weniger beschwerlichem Weg hätte gelangen können? In jedem Fall kam er in den fast zehn Jahren, die er in Valencia verbrachte, seinen Pflichten eines Internatszöglings und künftigen Rechtsexperten in mehr als hinreichendem Maße nach. Immer fleißig und folgsam wuchs er heran und wurde zum Mann. Mit den Kindern aus der Stadt teilte er Schulbank und Schlafraum, und jene wurden danach tatsächlich Anwälte. Er war ihr Freund, und sie waren seine Freunde – auf besondere, vielleicht auch auf ganz normale Weise, wer weiß –, was so weit ging, dass er, wenn er im glühend heißen August für die Ferien auf die Insel zurückkehrte, häufig einen guten Teil der Zeit bei ihnen und nicht im Bauernhaus seiner Eltern zubrachte. In einem dieser Sommer lernte er schwimmen, im nächsten segeln, woraufhin ihm die Insel nicht bloß noch kleiner vorgekommen sein muss, sondern überhaupt ganz anders, genoss er jetzt doch das Privileg, sie an der Seite seiner Freunde von Bord eines Segelboots aus betrachten zu können, das sich allerdings niemals allzu weit von der Küste entfernte. Sehr bald wurde er für die Schwestern und den Bruder zum Fremden. War er in den ersten Tagen im elterlichen Haus noch glücklich, umgeben von den Wäldern, Vögeln und Quellen des Mornatals, verspürte er dennoch schon nach kurzer Zeit Sehnsucht nach seinen Kameraden und der Franziskanerschule, die bereits – so schien wenigstens sein Herz es ihm zu sagen – sein wahres Zuhause war. Bei den Schwestern hieß er bloß noch »der Anwalt«, auch wenn sie gar nicht recht wussten, was sie damit meinten, während der Bruder ihn misstrauisch beobachtete, ihn und die wenigen Bücher, die er im Gepäck hatte, ihn, mit seinen neuen Wörtern und den Berichten von einem Leben, das so anders war als das seine. Trotzdem dürfen wir davon ausgehen, dass der Herr Schüler sich während dieser kurzen Besuche wie allen anderen fleißig am Aufsammeln von Johannisbrot und am Kartoffelsetzen beteiligte, die Schafe hütete oder dem Vater beim Errichten einer Stützmauer für ein neu angelegtes Terrassenfeld zur Hand ging, indem er die nötigen Steine heranschleppte. Die Liebe zu seiner Familie muss dabei der eines Adoptivsohns immer ähnlicher geworden sein, der fühlt und zugleich von den anderen das Gefühl vermittelt bekommt, dass er dazugehört, zweifellos, und dennoch, auf andere Weise, auch anderswohin. Um niemanden zu verletzen, gilt es jedoch, von diesem Anderswo so wenig wie möglich zu sprechen. Der kleine »Anwalt« wusste inzwischen Dinge, von denen keiner bei ihm zu Hause je gehört hatte, als da wären die Primzahlen oder die Namen der großen europäischen Flüsse. Besäßen wir Fotos aus diesen Jahren – und es muss welche gegeben haben, doch meine Großmutter, anders gesagt: seine Frau, scheint bald, nachdem sie zur Witwe geworden war, eine so seltsame wie zerstörerische Abneigung gegen Bilder aller Art, auch eigene, entwickelt zu haben –, könnten wir unseren fremden Verwandten beim sommerlichen Stadtspaziergang mit seinen Freunden oder, stolz auf seine besondere Kleidung und die feinen Zigaretten, in kleinen Strandcafés sitzend bewundern. Er war nun ein Teil der erwählten Schar der »entinselten« jungen Leute, die sich zusammentaten, um ihr Anderssein erst recht hervorzukehren. Seinerzeit vor die Wahl gestellt, hätte wohl keiner von ihnen sich dafür entschieden, die Insel zu verlassen – welcher Sieben- oder Achtjährige hätte es auch verlockend gefunden, sein paradiesisches Dasein, die familiäre Geborgenheit und die gemeinsamen Spiele und Geschwister aufzugeben? Nachdem man diese – anschließend schnell zu Jugendlichen gereiften – Kinder jedoch um ihre liebsten Dinge gebracht und gezwungen hatte, einen so verlässlichen Weg in die bestmögliche Zukunft einzuschlagen, konnte nichts und niemand sie davon abhalten, hochmütig und distanziert auf die Welt herabzublicken, die sie hatten verlassen müssen und der sie nicht mehr angehörten und wahrscheinlich auch nie wieder angehören würden. Viel wurde von diesen wenigen Auserkorenen erwartet, und doch war nur eine Sache schwieriger, als die Insel zu verlassen: wieder dorthin zurückzukehren. Mit derselben Erbitterung, mit der man sie verlassen hatte, war man bestrebt, sich nie wieder dort blicken zu lassen. Man befrage nur etwa die Unglückseligen, die emigrieren mussten und sich in ihrer einsamen Armut zur selben Zeit in Havanna oder im argentinischen Tucumán niederließen. Mochten sie sich noch so sehr vor Heimweh verzehren, der von der Verletzung hervorgerufene Stolz setzte sich zuletzt fast immer durch, und auf der Insel war nie mehr von ihnen zu hören. Ähnlich verhielt es sich mit unserer privilegierten Schülerschar – bei ihrem Aufbruch war es, als entließe man eine Handvoll Tauben feierlich in die Freiheit, als jedoch der Zeitpunkt zur Rückkehr kam, zogen die meisten es vor, den Flug bis in weit entfernt gelegene Gefilde fortzusetzen und für immer dort zu bleiben. Nur größere Unglücksfälle, etwa der Tod des Vaters, konnten den einen oder anderen zur Rückkehr zwingen, sei es, um überstürzt den Platz des Verstorbenen einzunehmen, sei es, um die, womöglich viele Mitglieder umfassende, Familie auf andere Weise zu unterstützen. Und doch gab es noch einen weiteren Grund, mit dem zu rechnen war – auch die Liebe konnte zur Heimkehr bewegen, immer dann, wenn diese Sehnsucht, diese Freude sich während eines der kurzen Schülersommer einstellte und anschließend die eisige Kälte der Studierklausen überlebte.

Erst vor wenigen Jahren habe ich etwas über das Haus in Erfahrung bringen können, in dem mein Großvater zur Welt gekommen und gestorben ist, aber nur kurze Zeit gelebt hat. Ende der sechziger Jahre, als ich noch ein Kind war, hörte ich, dass ein Ehepaar aus Genf kurz zuvor dem Erben die alte Finca und die dazugehörigen zwölf Hektar Land mit guter roter Erde abgekauft hatte. Wenn wir uns, vielleicht drei- oder viermal im Jahr, öfter nicht, auf den Weg machten, um die Schwestern zu besuchen, die alle verheiratet und dennoch ganz in der Nähe geblieben waren, über die kleinen Hügel in der Umgebung des Tals verteilt, fuhren wir für gewöhnlich an dem einstigen Haus der Familie vorbei, allerdings nur um die neuesten Wunderwerke der Schweizer zu bestaunen, vor allem den immer größeren und ausgefalleneren Garten und den künstlichen See, den sie darin angelegt hatten. Später wurde ein Zaun rings um die Finca errichtet, so dass wir vom Auto aus bloß noch den schönen Balkon mit dem schlichten Holzgeländer und die riesige schlanke Steineiche sehen konnten, von der meine Mutter so oft gesprochen hatte. Erst vor fünf oder sechs Jahren kam ich auf die Idee, mich dort einmal vorzustellen und um Zutritt zu bitten. So erfuhr ich, dass auf das Schweizer Ehepaar Leute aus Deutschland und Frankreich gefolgt waren, bis der gegenwärtige Besitzer, ein Architekt aus Mailand mit Namen Lorenzo, die Finca erwarb, allerdings lernte ich auch ihn nicht persönlich kennen – offensichtlich kommt er nur ein paar Mal im Jahr auf die Insel und dann auch immer nur für kurze Zeit. Dafür machte ich bei meinem Besuch die Bekanntschaft eines philippinischen Ehepaars, das schon seit zwanzig Jahren in dem Haus wohnte – viel länger als mein Großvater während seines gesamten Lebens! –, stets im Dienst der wechselnden Eigentümer, den es mit äußerster Zuverlässigkeit versah, wie ich an dem überaus gepflegten und ordentlichen Zustand, in dem alles sich befand, erkennen konnte. Als ich erklärt hatte, worum es ging, wandelte sich ihr anfängliches Misstrauen, das ihnen als Hüter eines Landhauses durchaus zustand, in freundliches Entgegenkommen, aber auch Überraschung, was keineswegs überraschend war. Zuerst führten sie mich über das Gelände, und wir unterhielten uns über die Orangen- und Aprikosenbäume, deren Anblick sie zu Recht mit großer Zufriedenheit erfüllte, was ebenso für den kleinen Gemüsegarten galt, in dem Tomaten, Salat und grüne Bohnen wuchsen. Auch an dem kleinen Ziersee kamen wir vorbei, der fast etwas Japanisches hatte und an diesem Tag von einer Unmenge Turteltauben aufgesucht wurde. Bevor wir das Haus betraten, bat ich darum, zu der großen Steineiche gehen zu dürfen, deren Stamm ich berührte, im Gedanken daran, dass mein fremder Verwandter oftmals den Vormittag über in ihrem breiten und kühlen Schatten gespielt haben musste, so wie später meine Mutter, wenn sie, das vaterlose Mädchen, zu Besuch bei den Großeltern war. Von der Welt, die sich einst hier präsentierte und von der ich bloß über einige wenige, mir von anderen übermittelte Ausschnitte verfüge, die in meinem imaginativen Gedächtnis aufbewahrt sind, sagte ich mir in diesem Augenblick, ist tatsächlich bloß ein Schatten übrig – vielleicht genau der Schatten der alten Steineiche, in dem ich gerade neben dem erstaunt lächelnden Ehepaar von den Philippinen stand. Und doch trug ich diesen Schatten schon vorher in mir, und seit meinem Besuch, wie ich jetzt weiß, wirkt er nur umso stärker und geheimnisvoller in mir fort. So oder so stellte meine Zugehörigkeit zu diesem Ort nur eine geringfügige Episode einer aus langen, aber verbleichten Fäden gewobenen Familiengeschichte voller Leerstellen dar, deren Reiz weniger in dem bestand, was sie zeigte, als was sie verbarg. Und ich, der ich in diesem Augenblick auf dem Boden der abgelegenen Finca stand, zu der ich mir endlich Zutritt hatte verschaffen können, war der fremdeste aller fremden Verwandten in dieser Geschichte. Auch die Kinder des philippinischen Ehepaars, sagte ich mir ebenfalls in diesem Augenblick, ein Junge und ein Mädchen, die beide auf der Insel geboren und auf der Finca mit ihrem Garten und der großen Steineiche aufgewachsen waren, die ich aber nicht kennenlernte, weil sie um diese Uhrzeit in der Schule saßen, werden eines Tages an eben dieser Stelle mit sehr viel mehr Recht als ich ihren Anteil sentimentaler Familienerinnerungen einfordern. Als wir schließlich das Haus betraten, in dessen Innerem sich kaum etwas geändert zu haben schien – hatten die aufeinanderfolgenden ausländischen Besitzer sich doch mit viel Geschmack bemüht, den ursprünglich-bäuerlichen Charakter der Räume beizubehalten –, hatte ich allerdings keine besondere Empfindung, wenigstens nicht die, die ich erwartet, mir seit Jahren ausgemalt hatte. Ich betrachtete die alten Deckenbalken aus Sadebaumholz, die offensichtlich noch in sehr gutem Zustand waren, die kleinen Türen, durch die man wie eh und je in schmale, gemütliche Schlafzimmer gelangte, die dicken gekalkten Steinwände, die winzigen Fenster und die einfache Treppe ins Obergeschoss mit ihrem zierlichen Eisengeländer, nicht mehr als zehn Stufen, die mit arabisch anmutenden valencianischen Keramikfliesen bedeckt waren. Lange stand ich so da, schweigend in die Betrachtung einer Vergangenheit vertieft, die bis jetzt anzudauern schien und die ich, auf welche Weise auch immer, zu kennen glaubte. Insgeheim versuchte ich herauszufinden, in welchem Zimmer mein Großvater wohl zur Welt gekommen und gestorben war, bis ich schließlich sehr gerne das Glas Wasser annahm, das die Hausleute mir anboten, womit sie mir gleichzeitig zu verstehen gaben, dass der Besuch beendet war.

Pedro Marí Juan wollte also nicht Anwalt werden, sondern Militäringenieur, aber wie es zu dieser Entscheidung kam, was sein Vater dazu sagte oder auch nicht sagte, ob die Familie aus dem Mornatal erstaunt oder enttäuscht war, warum er sich für diese Laufbahn entschied, wer oder was ihn beeinflusste – nichts von alldem ist überliefert. Sobald er die Schule beendet hatte – er war gerade einmal siebzehn –, begann er ein Studium an der Ingenieursakademie, die sich zu der Zeit in Guadalajara befand, wo sie in einem alten, unzählige Male umgebauten Palast untergebracht war. Wie wir herausfinden konnten, war der junge Kadett gut in Mathematik – eine Begabung, die andere Mitglieder der Familie geerbt haben –, interessierte sich jedoch vor allem für Mineralogie und Geologie wie auch für Fotografie. In Vermessungstechnik und Topografie, womit er sich bei seinem ersten Einsatz in Afrika zwei Jahre lang intensiv beschäftigen musste, zeigte er ebenfalls gute Leistungen. Wofür sich sämtliche Kadetten damals jedoch am stärksten begeisterten, war das große Abenteuer der Luftfahrt, deren Möglichkeiten durch die Fortschritte der Ingenieurskunst stetig zunahmen. Gelegentlich hielten ehemalige Schüler der Akademie wie der Ballonpilot und Pionier der Luftbildfotografie José Ortiz Echagüe oder Alfredo Kindelán, der erste Spanier, der einen Zeppelin gesteuert hatte, Vorträge vor den Studenten und sonnten sich im Glanz ihres Ruhms erfahrener Ingenieure und wagemutiger Neuerer. Die Unterhaltungen der jungen Leute kreisten unaufhörlich um die Frage, wie man neue Flugzeuge bauen oder zumindest ihr geheimnisvolles Funktionieren durchschauen lernen könne. Alle liebten den Geruch der Flugzeughallen und blickten sehnsüchtig zum Himmel auf. Alle träumten von der Wüste, der Beherrschung der Ozeane, der kalten Stille inmitten der Wolken. Immer wieder trafen Nachrichten von Flugzeugen ein, die in den Dünen der Sahara verschwunden waren. Dann warteten die Kadetten jedes Mal mehrere Tage sorgenvoll auf die Bestätigung ihrer Hoffnung, dass die Piloten auf wundersame Weise von Angehörigen eines verbündeten Kabylenstamms gerettet und zurückgebracht würden, was tatsächlich gelegentlich vorkam, in vielen anderen Fällen jedoch keineswegs. Mit leidenschaftlicher Anteilnahme verfolgten sie die Entwicklung des Kriegs in Afrika, der neben vielen anderen Verlusten auch den von zwölf Flugzeugen mit sich brachte, deren Piloten manchmal noch wenige Monate zuvor an der Akademie studiert und die allgemeine Begeisterung für das Fliegen geteilt hatten. Während sie so von Afrika träumten, wohin sie fast alle über kurz oder lang geschickt werden sollten – wurden ihre Kenntnisse und Fähigkeiten eben dort, in dieser unterdrückten und aufständischen Region, doch am meisten gebraucht –, formte die soldatische Disziplin, die stets mehr verlangte, als geleistet werden konnte, die Träumer zu unerschrockenen Mechanikern und Konstrukteuren. So wurde Pedro Marí Juan in der Zeit von 1917 bis 1924 vom Jugendlichen zum jungen Mann und entfernte sich immer weiter von der Insel und dem väterlichen Haus im abgelegenen Mornatal, dieser noch kleineren Insel innerhalb der kleinen Insel Ibiza, wo man ihn immer seltener zu Gesicht bekam und wo wahrscheinlich auch nur sehr wenige, wenn nicht gar keine Briefe von ihm eintrafen. Stets unter Fremden, wurde der einsame junge Mann, dessen Familie im verlorensten und unzugänglichsten Winkel der Welt zu leben schien, jedoch nicht zu einem schüchternen, in sich selbst verschlossenen Menschen wie so viele Inselbewohner, die ihre Heimat verlassen, im Gegenteil, er wurde immer geschickter darin, sich die Zuneigung seiner Kameraden und Vorgesetzten zu verschaffen, wobei ihn eine vielleicht angeborene, in jedem Fall jedoch durch die Notwendigkeit verstärkte Tugend unterstützte, die ihn immerzu begleiten sollte und in einem geradezu maßlosen, aber glaubwürdigen Interesse an allem bestand, was sich um ihn herum oder im Leben der anderen ereignete. Eben diese Tugend muss ihm zu einem Weltvertrauen verholfen haben, das sich durch die abstoßenden und groben Seiten des Lebens nicht erschüttern ließ. (Gut möglich allerdings auch, dass diese Tugend meines Großvaters, von der zu Hause oft die Rede war, in Wirklichkeit in schlichter Einfalt bestand, wie ich es bei mehreren seiner Nachkommen erlebt habe – bei wem genau, spielt hier keine Rolle –, eine Tugend, die wegen der ungünstigen Folgen, die sie nach sich zieht, keineswegs als solche betrachtet werden kann.)

Die Schilderungen der Tage, die er kurz nach dem erfolgreichen Examensabschluss im elterlichen Haus verbrachte, konnten gar nicht anders als fröhlich und festlich ausfallen. Der letzte und ebenfalls kurze Besuch lag fast zwei Jahre zurück, als er sich Anfang Juni 1921 wie eine Erscheinung in seiner neuen blauen Uniform und mit einem nicht besonders großen, aber schwer bepackten schwarzen Koffer bei der Familie einstellte. Die Beschreibung der Uniformjacke mit den sieben blitzenden Knöpfen und den militärischen Insignien zu beiden Seiten des Kragens – Burg, Krone und Lorbeer- wie auch Eichenzweige – kann nur durch den Mund seiner Schwestern zu mir gelangt sein. Mein Großvater hatte blaue Augen, das weiß ich sicher, wie alle seine Schwestern, nur waren sie um vieles heller als die von uns Enkeln und Urenkeln, weshalb sich leicht ausmalen lässt, welchen Eindruck die nagelneue Jacke gemacht haben muss, die sich seinem Fähnrichskörper so vollkommen anpasste, als hätte er nie etwas anderes getragen. Es wurde gefeiert, auch das weiß ich, und die Nachbarn kamen, ließen sich Reis, gebratenes Schaffleisch und Wein servieren und dazu die Geschichten aus der Akademie, die der frischgebackene Absolvent zu erzählen hatte, wobei er vor allem lustige oder staunenswerte Anekdoten auswählte. Die Schwestern sprachen stets voll Bewunderung von diesen Tagen, und ich hörte ihnen zu wiederholten Malen voll der Bewunderung des Enkels zu, der in ihren Schilderungen den Mann entdecken wollte, der tatsächlich glücklich hatte sein können, obwohl er schon mit achtundzwanzig gestorben war. Stolz und zufrieden erteilten Vater und Mutter dem Sohn damals ihren Segen und schenkten ihm ein goldenes Kreuz, das einem seiner Vorfahren gehört hatte, welchem genau, weiß ich nicht, dafür bewahre ich es aber bis heute als Reliquie meines fremden Verwandten auf, die man berühren kann und deren Echtheit sich nicht bezweifeln lässt. Einige Tage später hatte die freudige Erregung sich bereits ein wenig gelegt und die Familie die alltägliche Arbeit auf dem Feld wieder aufgenommen – als wäre der Sohn und Bruder gar nicht zurückgekehrt, ja als befände er sich noch immer in seiner fernen und nahezu unvorstellbaren Welt –, woraufhin dieser, nicht ohne zuvor, bald in Gesellschaft seiner jüngeren Schwester Catalina, bald allein, die Lieblingsorte seiner Kindheit wie den Maurenturm in Montserrat oder die Quelle und den dazugehörigen Tümpel von Atzaró, in dem es stets von Fröschen wimmelte, aufgesucht und sich die einst dort gespielten Spiele vergegenwärtigt und eine Reihe Verwandter besucht zu haben, die so alt oder krank waren, dass sie das Haus nicht mehr verließen, nach alldem also faltete der junge Herr Ingenieur sorgfältig, wie man es ihm auf der Akademie beigebracht hatte, die elegante Uniform zusammen, legte sie zu den anderen Sachen in den Koffer, machte sich auf in die Stadt, um seine einstigen Schulkameraden aus der Zeit in Valencia oder deren Brüder zu treffen, die im Lauf der Jahre auch seine Brüder geworden waren, und verbrachte mit ihnen den restlichen Juni, also fast die gesamte Zeit seines Besuches. Während dieser am Strand, in Bars, Cafés und bei abendlichen Tanzveranstaltungen zugebrachten festlichen Wochen lernte er schließlich Nieves kennen, meine Großmutter, die damals eine junge Frau war und mit ihren Eltern im Hafenviertel der Stadt lebte. Ihr Vater Antonio war in der Jugend wie auch in den ersten Jahren seiner Ehe zur See gefahren, später jedoch hatte er angefangen, als Stauer zu arbeiten. Ein offizielles Paar waren die beiden in diesen Junitagen zwar noch nicht, aber der Funke muss damals bereits übergesprungen sein, begann seinerzeit doch, soweit ich weiß, ein unaufhörliches Hin und Her verliebter Worte und Briefe. Da ich auch meine Großmutter nicht bewusst kennengelernt habe – sie starb wenige Jahre nach meiner Geburt –, hat mich kein genauerer Bericht über diese Liebesbeziehung erreicht, und doch wollte es das Schicksal, dass meine Mutter wenigstens drei dieser Briefe meines Großvaters aufbewahren konnte, die vom herben Aroma der Wüste durchdrungen sind.

Keiner dieser drei geretteten Briefe wurde jedoch in Larache abgeschickt, dem ersten Bestimmungsort des nunmehr verliebten Fähnrichs. Nach dem glücklichen Heimaturlaub erwarteten ihn eine gänzlich andere Landschaft, eine fremde Stadt, unbekannte Kameraden, ein neuartiger Auftrag, vor allem aber eine überaus feindlich gesinnte Umgebung, was einen wie ihn, der sich seit seiner Kindheit unaufhörlich ganz auf sich selbst gestellt neuen Umständen und Gegebenheiten ausgesetzt gesehen hatte, allerdings nicht schrecken konnte. Außerdem war Afrika das große Ziel seiner Kadettenträume gewesen, und nun würde er endlich Gelegenheit bekommen, ausgestattet mit den im Lauf der letzten fünf Jahre erworbenen technischen Kenntnissen und dem Hochmut des abenteuerhungrigen jungen Soldaten, in die dunkle Legende dieses Kontinents vorzudringen. 1911 waren in Larache spanische Truppen gelandet, seitdem war die Stadt Teil des Protektorats und in ständigem Umbau begriffen. Mein Großvater gehörte zunächst zu denjenigen, die mit der Errichtung des Flughafens Auámara beauftragt waren, später war er an der Erweiterung der Garnison in Punta Nador beteiligt, in der Nähe eines 1914 von dem Ingenieur José Eugenio Ribera dort, wo der Oued Loukos endlich in den Atlantik mündet, erbauten Leuchtturms, der Berühmtheit erlangte, weil er das erste aus Beton errichtete Gebäude der Gegend war. In dieser Stadt voller Licht, einer Gründung der Phönizier, und ihrer einsamen Umgebung hielt er sich fast drei Jahre ohne jede Unterbrechung auf, von 1922 bis 1924, sammelte Erfahrungen an der Seite des Ingenieur-Hauptmanns Roberto Lazos, lernte alles, was für die Arbeit vor Ort wichtig war, von der Auswahl des richtigen Baumaterials bis zum Entwurf den besonderen Verhältnissen angepasster Truppenunterkünfte, wandte seine topografischen Kenntnisse an und gewöhnte sich vor allem an den schwierigen Alltag eines Soldaten im Afrika jener Jahre, die von ständigen Attacken der Riffstämme gegen die Ausbreitung der Kolonialmacht geprägt waren. Das Einzige, was sich sonst noch über Pedro Marí Juans Aufenthalt in Larache sagen lässt, wohin er nie zurückkehren sollte, ist, dass er eines Tages von dort endlich zu seiner Insel aufbrach, um Nieves wiederzusehen, mit der er sich bereits brieflich verlobt hatte und die er, wie er schrieb, mehr liebte als jeden anderen Menschen auf der Welt.

2

Während des dreistündigen Flugs von Madrid nach El Aaiún überlegte ich – oder stellte vielmehr alle möglichen Mutmaßungen darüber an –, wie mein Großvater wohl Anfang 1927 zum ersten Mal nach Kap Juby gelangt war – war er auf dem Seeweg gekommen, vielleicht von Málaga oder Las Palmas aus, oder über Land, von Tanger oder Larache, entlang der Atlantikküste, anders gesagt, der natürlichen Grenze zunächst zwischen dem Ozean und dem Atlas und danach zwischen dem Ozean und der Wüste folgend, auf Straßen, die diese Bezeichnung nicht verdienten? El Aaiún liegt, keine dreißig Kilometer von der Küste entfernt, am meist trockenen Bett des Saguia el Hamra und ist heute eine ziemlich große und zugleich deprimierende und schmutzige Stadt. 1927 existierte sie noch nicht, genauso wenig wie das ein gutes Stück nördlich, bereits jenseits der Grenze der damaligen Kolonie Spanisch-Sahara gelegene Sidi Ifni. Beide Orte sollten in den folgenden Jahrzehnten – bis Anfang der siebziger Jahre des letzten Jahrhunderts – bei den militärischen Unternehmungen Spaniens in Afrika eine wichtige Rolle spielen. Ihre Anlage und Architektur lassen erkennen, dass sie in den dreißiger Jahren errichtet wurden, was jedoch nicht für Villa Bens, das heutige Tarfaya, und den dazugehörigen Militärstützpunkt Kap Juby gilt, die nie den Status einer größeren Siedlung erlangten, allerdings schon 1916 besetzt wurden, als Oberstleutnant Francisco Bens, der sich als Verwalter der im Süden von Spanisch-Sahara gelegenen Region Río de Oro einen Namen gemacht hatte, beschloss, dem Protektorat auf eigenes Risiko, wie man so sagt, die dazugehörige steinige Wüstengegend anzugliedern. Auf dem Flughafen von El Aaiún erwartete mich Idir, der mich nicht nur zu der Reise ermuntert hatte, sondern mich auch am nächsten Tag in dem klapprigen Auto eines seiner Vettern zum etwas mehr als hundert Kilometer nördlich gelegenen Kap Juby fuhr. Als ich zum ersten Mal mit Idir über eine mögliche Reise dorthin sprach – das war Anfang 2004 –, war er gerade dabei, eine Steinmauer wieder aufzurichten, die zu einer nahe der unsrigen gelegenen Finca gehörte und nach langen und heftigen Regenfällen umgestürzt war. Ich interessierte mich damals für die Besonderheiten der traditionellen Bauweise solcher Mauern, bei der selbstverständlich kein Beton, sondern eine einfache, für das Auge kaum wahrnehmbare Mischung aus Kalk und Tonerde zur Anwendung kommt, und hatte mich deshalb Idir und seinen Gehilfen zugesellt, die wie er Berber waren. Unsere langen Unterhaltungen führten uns von der Auswahl und richtigen Bearbeitung des Kalksteins irgendwann zu den legendären Stränden von Kap Juby, von denen Idir und seine Helfer in El Aaiún, wo sie allesamt geboren und aufgewachsen waren, von frühauf gehört hatten, obgleich sie nie selbst dort gewesen waren. Zwei, drei Jahre nach unserer ersten Begegnung sollten sie in ihre Vaterstadt zurückkehren, um dort wie geplant Geschäfte zu gründen und dauerhaft bei ihren Familien zu bleiben. Idir, der freundlich über alles Auskunft gab und seine Heimat über alles liebte, nahm mich zuerst mit zu sich nach Hause, wo mich bereits seine vielköpfige Familie und ein großzügiges Mittagessen erwarteten. Anschließend spazierten wir eine Weile durch die Stadt voller heruntergekommener Gebäude und spanisch anmutender Plätze, auf denen magere Hunde Siesta hielten, um zuletzt in seine enge, aber gut ausgestattete Wohnung zurückzukehren, wo eine Schar ausgelassener Kinder herumtollte. Am nächsten Morgen um acht fuhren wir bereits eine Straße entlang, von der aus man fast die ganze Zeit den Atlantik im Blick hatte. Immer wieder waren am Ufer gestrandete und völlig verrostete Frachtschiffe zu sehen. Zumindest an diesem Tag und zu dieser Uhrzeit waren kaum Autos unterwegs – welches Ziel hätten sie in dieser Einöde auch ansteuern sollen? Da es November war, war es nicht besonders heiß, und doch strahlte die Sonne mit großer Kraft und erhellte die Wüste, die sich endlos und eintönig zu unserer Rechten erstreckte, während sich über ihrem toten Gestein der Wind austobte. Auch für Idir war dies eine seltsame Reise, die er zweifellos niemals von sich aus unternommen hätte, er hielt es jedoch offensichtlich für seine, im weitesten Sinne verstandene, Freundespflicht, mich zu begleiten, wobei echte Neugier durchaus auch eine Rolle spielte, wie ich an den hartnäckigen Fragen merkte, die er mir stellte, kaum dass wir El Aaiún hinter uns gelassen hatten – wieder und wieder wollte er wissen, wie es meinen Großvater an einen so einsamen Ort verschlagen hatte und was ich selbst mit dieser Reise und der seltsamen Geschichte, die sich darum rankte, beabsichtigte. Eingehüllt vom aufgewirbelten Sand fuhren wir unter einem sehr weißen Himmel langsam dahin, viel mehr hätte der Motor aber auch nicht hergegeben und die dunkle Piste hätte es ebenso wenig zugelassen. So erreichten wir schließlich Tarfaya, einen tristen kleinen Ort an der Küste, und etwas später das halb unter Sand begrabene und unaufhörlich von den Brandungswellen besprühte Kap Juby, wo es noch trostloser war, als ich mir vorgestellt hatte.

Dort, wo heute bloß Ruinen zu sehen sind, verbrachte Pedro Marí Juan ein ganzes Jahr, das letzte seines kurzen Lebens, von Frühjahr 1927 bis Frühjahr 1928. Mittlerweile war er zum Ingenieur-Leutnant ernannt worden, höher sollte er in der militärischen Rangordnung nicht aufsteigen. Im Februar 1927, zwei Monate bevor er in Kap Juby eintraf, hatte er Nieves geheiratet, mit der er bereits seit mehreren Jahren verlobt war. Meine spätere Großmutter blieb selbstverständlich zu Hause bei ihren Eltern im Hafenviertel von

Ibiza-Stadt und folgte ihrem Mann nicht in die Wüste. Wie es unserem fremden Verwandten in den drei Jahren zwischen der Abreise aus Larache im Jahr 1924 und dem Eintreffen an seinem neuen Bestimmungsort in Kap Juby ergangen ist, ist nicht überliefert, vermutlich gab es mehrere Fahrten an seinen Heimatort und erneute Aufbrüche von dort, traurig-leidenschaftliche Liebesbriefe, durchgeschwitzte und eingestaubte Uniformen und mindestens einen weiteren Bestimmungsort, wo, ist nicht bekannt, sicherlich ebenfalls in Afrika, abgesehen davon, dass er dort, zur Freude und zum Stolz aller, befördert wurde. Schlimmere Einsatzorte als Kap Juby dürfte es allerdings kaum gegeben haben – war das Erste, was mir durch den Kopf ging, als ich die zu nichts mehr zu gebrauchenden Überreste der im Sand versinkenden Unterkünfte, die windgepeitschten Mauern und die von der ständigen Nässe schwarz gewordene Festung betrachtete. Nicht einmal die Seele eines Ertrunkenen würde sich an solch einem unwirtlichen Ort im Nirgendwo, in solch einem von allen Gespenstern und Erinnerungen verlassenen Feldlager herumtreiben. Die Fotos, die ich machte, zeigten stets das Gleiche – nichts als Kälte, uralte Feuchtigkeit und Steine, die hervorkamen, um zu verletzen und sogleich wieder dem Vergessen anheimzufallen. Kap Juby, Kap Juby, was bezweckst du mit deinem schönen Namen, hier inmitten des Nichts? Und doch ist in den drei einzigen Briefen des Großvaters, die in der Kommodenschublade aufbewahrt liegen, auch von durchscheinend hellen Nächten die Rede, einer geheimnisvollen Stille, angenehmen Begegnungen und anregenden Gesprächen, glühenden, unwirklichen Träumen. Als er eintraf, gab es hier bloß eine kleine Infanterieeinheit, die sich in der ehemaligen spanischen Festung eingeschlossen hatte, im »Haus am Meer« beziehungsweise »Haus des Engländers«, wie das Gebäude auch genannt wurde, als Tribut an einen gewissen Donald Mackenzie, einen verrückten alten Kerl, der eigentlich Schotte war und Ende des 19. Jahrhunderts hier ein Warenlager betrieben hatte, das von Dakar aus mit Nachschub versorgt wurde. Die Spanier, eine Gruppe gelangweilter und misstrauischer junger Männer mit kurzgeschorenen Schädeln – um nicht dauernd das Haar vom Sand befreien zu müssen –, standen unter dem Befehl eines alten Oberstleutnants. Ihre einzige Aufgabe war die Bewachung eines Flughafens, von dem vorläufig nur die absolut unverzichtbaren Bestandteile vorhanden waren. Sein damals einziger Benutzer war die französische Transportgesellschaft *Aéropostale*, die eineinhalb Jahre davor beschlossen hatte, ausgerechnet an diesem gottverlassenen Ort einen Stützpunkt einzurichten, so unverständlich dies heute erscheinen mag und vielleicht auch damals erschien. Hierher also entsandte man unseren fremden Verwandten, damit er half, mehrere Flugzeughallen zu errichten und die Landepiste auszubauen, sollte doch, wie es ein Jahr später tatsächlich geschah, die spanische Flugstaffel von Hauptmann Ignacio Hidalgo de Cisneros nach Kap Juby verlegt werden. Sie bestand aus drei Breguet-14-A2-Flugzeugen und hatte die Aufgabe, den Transportflugverkehr in der Sahararegion zu sichern. Wenn das nicht für alle Beteiligten die reinste Strafe war, ein Wirklichkeit gewordener Alptraum, was soll es dann gewesen sein? Für alle, bis auf die Franzosen vielleicht, die sich aus strategischen Gründen für diesen Ort entschieden hatten, im gelassenen Vertrauen darauf, dass sie eines nicht allzu fernen Tages Geschichte schreiben würden, indem sie von hier aus bis nach Buenos Aires flögen, wie es ihnen dann ja auch gelang. Während die Lebensmittel, die mehrmals im Monat von einem Schiff aus Las Palmas hierher gebracht wurden, ihre Existenz sicherten, schlugen die Männer die Zeit tot, indem sie in der Kantine saßen und Karten spielten, auf die Gazellen schossen, die sich dem Stacheldrahtzaun näherten, oder den französischen Fliegern beim Landen und Starten zusahen, all das mit dem stets gleichförmigen Geruch von Benzin, Öl und Kamelen in der Nase, Sandkörnern zwischen den Zähnen und schwefligen Ausscheidungen auf der Haut. Mit den Berbern gab es nur wenig Kontakt, in regelmäßigen Abständen näherten auch sie sich dem Stacheldrahtzaun, manchmal, um Lebensmittel zu tauschen, manchmal aus keinem ersichtlichen Grund. Vermutlich misstraute man sich gegenseitig im gleichen Maße, in jedem Fall war und blieb das Verhältnis schwierig, und doch hatten die meisten der von meinem Großvater wiedergegebenen Anekdoten, ob sie nun erfreulicher oder unerfreulicher Natur waren, mit dem Miteinander der Männer zu tun, die es an diesen gottverlassenen Ort verschlagen hatte.

Mein Freund und Begleiter Idir entdeckte an diesem Novembermorgen als Erster die Antoine de Saint-Exupéry zu Ehren errichtete Gedenkstätte – ich war viel zu beschäftigt damit, zu fotografieren und vor meinem inneren Auge die in Trümmern liegende Festung und die verschwundene Landebahn wiedererstehen zu lassen, und hatte die Sache mit dem Denkmal darüber völlig vergessen, obwohl ich nur eine Stunde zuvor im Auto davon erzählt hatte. Das kleine Monument erhebt sich mitten im Sand auf einer kreisrunden Grundfläche aus Beton, und das einzige Kriterium bei der Auswahl seiner Bestandteile scheint gewesen zu sein, dass der Wind sie keinesfalls würde davontragen können, auch wenn die Eisenskulptur, die auf dem schweren Steinwürfel ruht, der als Sockel dient, eine der für ihre Leichtigkeit berühmten Breguet-14-Maschinen darstellt, mit denen Ende der zwanziger und Anfang der dreißiger Jahre Franzosen wie Spanier sich hier in die Lüfte erhoben. Als der abenteuerlustige Pilot und Schriftsteller Antoine de Saint-Exupéry, der damals erst sehr wenig geschrieben und noch nichts veröffentlicht hatte, in Kap Juby eintraf, um die Leitung des *Aéropostale*-Stützpunkts zu übernehmen, war Leutnant Marí Juan seit gerade einmal drei Wochen hier und hatte noch nicht mit der Arbeit beginnen können – ein Gutteil des benötigten Baumaterials war zwar bereits mit dem Schiff von Las Palmas angeliefert worden, doch erwies es sich als schwierig, unter den Berbern genügend Leute zu finden, die bereit waren, sich als Arbeiter anwerben zu lassen. Die Ankunft des Franzosen war in dieser Hinsicht entscheidend. Im ersten der drei Briefe meines Großvaters wird das segensreiche Eingreifen des frisch eingetroffenen Stützpunktleiters erwähnt, was ich erst angemessen einschätzen konnte, nachdem ich mehrere Jahre Informationen über das Leben am Kap Juby während jener Zeit zusammengetragen hatte. Sein Name wird allerdings nicht genannt – er spielte keine Rolle, niemand kannte ihn damals –, aber er wirkte offensichtlich wie ein Geschenk des Himmels und trug dazu bei, dass man sich mit einem der widerspenstigen Stämme aus der Umgebung einig wurde, was daran gelegen haben mag, dass Saint-Exupéry diesen Leuten, aus welchem Grund auch immer, vertrauenswürdig erschien oder aber ein geschickter Vermittler oder auch Schwindler war, der durch seine Art die Verhandlungen erleichterte. Es sieht jedenfalls ganz danach aus, dass sich im ersten Jahr auf diese Weise eine für den Ingenieur-Leutnant wie für den Stützpunktleiter so notwendige wie nützliche Zusammenarbeit entwickelte. In dieser Zeit wurden die neuen Hallen errichtet und der von den beständig vorrückenden Dünen bedrohte Flughafen in den bestmöglichen Zustand gebracht. Wie gesagt, nur drei Briefe sind erhalten – umso mehr wünschte man sich, dass in den übrigen, die verloren sind, ausführlich von der Beziehung zwischen den beiden die Rede war, von ihren Unterhaltungen, bald auf Spanisch, bald auf Französisch; und wer weiß – sage ich mir immer wieder –, ob mein Großvater nicht irgendwann auch mitbekommen hat, dass der bloß zwei Jahre ältere Franzose, wenn er nicht gerade im Flugzeug nach Villa Cisneros oder Dakar unterwegs war oder mit den Kameraden beim Wein in der Kantine saß, sich in sein Zimmer zurückzog – er wohnte ebenfalls in der alten Festung, wie die spanischen Soldaten –, um die ersten Seiten seines Buches *Südkurier* zu schreiben, obwohl diese Vermutung natürlich vor allem dem stillen Wunsch des Enkels geschuldet ist oder, was auf das Gleiche hinausläuft, meiner Art, mit groben Strichen ein Porträt unseres fremden Verwandten zu umreißen. In den anderen beiden Briefen findet sich jedenfalls kein Wort mehr über den französischen Piloten, ja nicht einmal über die Flugzeuge, von denen mein Großvater in seinem Kadettenschlafzimmer so oft geträumt hatte, dafür aber Schilderungen des immer wieder aufs Neue beeindruckenden Mondes wie auch furchterregender Wellen, die sich donnernd am Ufer brechen, riesiger Quallen und heulender Winde, wilder Sandstürme und tiefer Nächte unter einem funkelnden Sternenhimmel, und dazu der Furcht, für immer in Kap Juby bleiben zu müssen. Ebenso wenig ist den Briefen meines Großvaters zu entnehmen – umso mehr dagegen denen, die Saint-Exupéry damals an seinen Bruder und seine Mutter schickte –, wie gefährlich das Leben dort war, es sei denn, die Darstellung des Schriftstellers ist weit übertrieben. Bei ihm ist jedenfalls ständig vom feindlichen Kugelhagel die Rede und davon, dass, wem sein Leben lieb war, sich tunlichst nicht außerhalb der Stacheldrahtumzäunung begab, begann dort doch das Terrain grausamer Entführer, zerstrittener Nomadenstämme und in der Dunkelheit lauernder Schakale. Durch Saint-Exupérys Briefe wissen wir auch, dass sich unter den für die Bauarbeiten angeworbenen Männern mehrere schwarze Sklaven befanden, die den Berbern gehörten. Offenbar arbeiteten sie mehr als alle anderen, und dennoch konnten weder die Spanier noch die Franzosen, denen sie leidtaten, etwas für sie unternehmen, geschweige denn ihnen zur Freiheit verhelfen, hätte jeder Versuch in diese Richtung doch, *bien sûr*, einen schweren Konflikt heraufbeschwört … Darüber hinaus enthalten Saint-Exupérys ausdrucksstarke Briefe vom Kap Juby abenteuerliche Berichte seiner kugelumschwirrten Wüstenflüge – lebensgefährliche Notlandungen eingeschlossen –, die immer wieder in den damals entstehenden Roman eingegangen oder umgekehrt von diesem beeinflusst scheinen, fast als hätte ein plötzlicher Windstoß dem Verfasser die Papiere durcheinandergewirbelt. So sehen wir den schriftstellernden Piloten oder flugbegeisterten Schriftsteller hier wie in einem zeitgenössischen Stummfilm in rascher und komischer Folge bald einem Löwen nachjagen, bald einen in der Wüste abgestürzten Kameraden retten, bald einen offenbar befreundeten Kabylenführer mit Tee bewirten, wenn er nicht gerade das feinfühlige Chamäleon bewundert, das er sich als Haustier im Schlafzimmer hält, oder seelenruhig mit einem spanischen Offizier eine Partie Schach spielt. Was nicht heißt, dass in Saint-Exupérys Briefen, anders als in denen des Leutnants Marí Juan, niemals der Wunsch nach einem leichten und angenehmen Leben zum Ausdruck käme, der Traum von der Rückkehr nach Hause und der Beendigung des Daseins an dem fernen Kap Juby.

Man wünschte sich also, wie auch nicht, unser fremder Verwandter hätte vieles von dem miterlebt, was der abenteuerlustige Pilot in seinen Briefen und jenem Roman berichtet, oder wenigstens – für den Tag, an dem dieser Antoine de Saint-Exupéry ein berühmter Mann wäre, dessen Wüsten, Flugzeuge und kleiner Prinz die Vorstellung seiner Leser bevölkerten – für seine Tochter und die Enkel eine Handvoll Anekdoten im Gedächtnis aufbewahrt. Oder er wäre imstande gewesen, Jahre später, mit dem Abstand, der alles in eine Ansammlung unbeschwerter Jugenderfahrungen verwandelt, über seine Tage in Kap Juby zu schreiben, was anderen wie etwa Hauptmann Ignacio Hidalgo de Cisneros sehr wohl gelang, diesem würdigen Vertreter seiner stürmischen Epoche, der schließlich im März 1928 mit seiner aus drei Flugzeugen bestehenden Staffel in Kap Juby eintraf, um sich den Flughafen und die Hallen fortan mit dem französischen Unternehmen zu teilen. Man wünschte sich folglich – so ging es mir jedenfalls bereits auf dem Rückflug von El Aaiún, nachdem ich mich von Idir und seiner Familie wie auch, für immer, von den traurigen Ruinen am Meeresufer verabschiedet hatte –, man wünschte sich also, auch unser fremder Verwandter tauchte in den amüsanten Ankedoten auf, die jener spanische Hauptmann Jahrzehnte später – als er als ehemaliger Oberbefehlshaber der republiktreuen Luftwaffe im Exil in Bukarest lebte – über die extremen und schier unerträglichen Lebensbedingungen in Kap Juby, vor allem aber über den so mutigen wie unkonventionellen französischen Stützpunktleiter erzählen sollte. Wie man sich auch wünschen würde, er sei gelegentlich, so gefährlich das auch war, mit einer der leichten Breguet-14-Maschinen in den Himmel aufgestiegen, jawohl, denn was ist ein Großvater letztlich, und erst recht ein Großvater, den man nicht kennengelernt hat, wenn nicht jemand, dem wir voll und ganz vertrauen und von dem wir immerzu nur die besten Geschichten erwarten? Hat er also ab und zu eine Breguet gesteuert? Auf diesen Seiten könnten wir ihn natürlich in den sengend heißen Himmel aufsteigen, nach Agadir oder Dakar fliegen und unterwegs die trostlose Schönheit der Wüste und die feierliche Macht des Atlantiks in ihrer ganzen Ausdehnung in den Blick nehmen lassen – sicher wissen wir aber nur, dass er, als die lange erwartete Staffel von Hauptmann Hidalgo de Cisneros sich im März an ihrem neuen Bestimmungsort eingerichtet hatte, bereits schwer erkrankt war. Weihnachten hatte er noch zu Hause mit seiner Familie zubringen und so auch seine gerade erst geborene Tochter kennenlernen können, doch als er Anfang Januar 1928 die Rückreise nach Kap Juby antrat – eine lange und beschwerliche Unternehmung, zuerst mit dem Schiff nach Barcelona, von dort weiter nach Las Palmas und mit einem dritten Schiff schließlich von Las Palmas nach Kap Juby –, brach offenbar unterwegs eine Lungenentzündung bei ihm aus. Der Winter war in diesem Jahr sehr hart, was natürlich nicht zu seiner Gesundung beitrug, im Gegenteil, jedes Mal wenn sich sein Zustand ein wenig gebessert hatte, kam es schon kurz darauf zu einem noch heftigeren Rückfall. Den Februar verbrachte er zum größten Teil in seinem feuchten Zimmer auf der Festung, gegen die ständig die Wellen anbrandeten, mit hohem Fieber und Husten, doch erst als er anfing, Blut zu spucken, beschloss der Arzt der Einheit, ihn nach Las Palmas ins Militärkrankenhaus bringen zu lassen, was nicht sofort möglich gewesen sein dürfte, es sei denn, eines der spanischen oder französischen Flugzeuge hätte den Krankentransport übernommen. Als es ihm einige Wochen später scheinbar ein klein wenig besser ging – ein täuschender Eindruck –, sollte er auf eigenes Betreiben, und gezwungenermaßen erneut mehrmals das Schiff wechselnd, zu seiner Insel zurückreisen. Vielleicht, um dort in Frieden sterben zu können – der weitere Fortgang der Ereignisse legt diesen Gedanken jedenfalls nahe. Fiebernd und hustend ging er von Bord, so abgemagert wie noch nie, mit gelber Haut und in einer Hand den schwarzen, jetzt allerdings weniger schwer bepackten Koffer, mit dem er einige Jahre davor erschienen war, um mit den Seinen den erfolgreichen Studienabschluss zu feiern. Es war Anfang Mai und bereits heiß, noch nicht ganz so heiß, wie es am Mittelmeer werden kann, aber tagsüber sorgte die Sonne bereits für eine kräftige Hitze, die sich über Nacht in feuchte Kälte verwandelte. Die Uniformjacke schien auf einmal viel zu groß für ihn, und seine Augen wirkten weniger blau. Die kleine junge Familie, die er im Jahr davor gegründet hatte, zog mit ihm ins elterliche Haus im Mornatal, wo sich von da an auch sein Vater, seine Mutter und die Schwestern um ihn kümmerten, die noch nicht verheiratet waren und folglich zu Hause lebten. Viel geholfen hat ihre Fürsorge jedoch nicht, oder vielleicht nur als Trost, denn der Sohn, Bruder, Gatte und inzwischen auch Vater sollte gerade einmal zwei Wochen nach seiner Rückkehr, im Fieber delirierend und Blut spuckend, sterben.

Mehr weiß ich allerdings auch über diese traurigen Tage in dem Haus im Mornatal nicht, was aber nicht daran liegt, dass ich nicht mehr hätte wissen wollen oder nicht weiter nachgefragt hätte – die Schwestern, die ja damals dabei waren und mit denen ich während meiner Kindheit und Jugend regelmäßig zusammentraf, verstummten vielmehr, sobald die Geschichte diesen Punkt erreichte, und ließen bloß noch Seufzer und unterdrücktes Schluchzen hören, während sie Tücher aus irgendwelchen unsichtbaren Taschen hervorzauberten, um das düstere Schweigen einige Minuten später zu beenden, indem sie einmal mehr lächelnd erklärten, wie ähnlich ich meinem Großvater doch sei, worin genau diese Ähnlichkeit besteht, haben sie mir allerdings nie verraten.

Wiederkunft und Tod unseres Onkels Alberto

1

Gerade einmal eine Woche bevor ich ihn kennenlernte, hörte ich zum ersten Mal von unserem Onkel Alberto, ich war damals elf, und er kurz vor seinem sechzigsten Geburtstag, aber dass mein Vater mir bis dahin nie von diesem Bruder oder Stiefbruder oder Halbbruder oder wie auch immer man jemanden bezeichnen soll, mit dem man nur einen Elternteil gemeinsam hat – in diesem Fall den Vater, genauer gesagt, den Vater meines Vaters, der ebenfalls Alberto hieß –, dass mein Vater mir also nie von ihm erzählt hatte, lag jedoch, da bin ich mir sicher, nicht an irgendwelchen geheimen Gründen, die verborgen bleiben sollten, und auch an keinem nicht mehr gut zu machenden Zerwürfnis aus ihrer Jugend – das Leben meines Vaters, der damals gerade die fünfzig voll gemacht hatte, war bloß seit seiner mittlerweile fernen Kindheit ganz und gar ohne diesen Bruder, ja ohne jede Nachricht von ihm verlaufen, weshalb er sich nicht nur kaum noch an diesen fremden Verwandten erinnerte, sondern sogar vermutete, dieser könne längst tot sein, möglicherweise war er bereits als Jugendlicher gestorben, während des Bürgerkriegs. Bei anderen, eher seltenen Gelegenheiten sagte er sich dagegen, sein Bruder sei vielleicht doch noch am Leben, wo er sich aufhielt, hätte er aber keinesfalls angeben können, womöglich lebte er gar nicht mehr in Spanien … Um zu verstehen, warum mein Vater sich so absolut nicht für diesen Bruder interessierte und sich all die Jahre hartnäckig über ihn ausschwieg, müssten jetzt eigentlich ein paar Worte zu den Umständen folgen, unter denen sie getrennt wurden. Wir werden das später nachholen, vorläufig habe ich die Bilder jener ersten Wiederbegegnung vor Augen, den Julinachmittag im Jahr 1974, als wir, meine Eltern, meine Schwester und ich, ihn am Hafen in Empfang nahmen. Dass ich diese Bilder so genau erinnere, liegt sicherlich an der Erwartung, Überraschung, Unruhe und all den anderen Gefühlen, die der Besuch bei mir und meiner Familie hervorgerufen hatte. Dazu kommt, dass es drei Fotos von damals gibt – wer sie gemacht hat, weiß ich nicht, vielleicht meine Mutter –, auf denen der alte Mann, der meinem Vater kein bisschen ähnlich war und doch schlagartig als mein »Onkel« figurierte, breit lächelnd zu sehen ist – er hat eine Glatze, ist sehr knochig und mager, trägt eine riesige Hornbrille, einen nicht gerade neu wirkenden blauen Anzug und dazu eine blaue Krawatte – allerdings nicht im selben Farbton –, weißes Hemd und sehr große Lackschuhe. Insgesamt macht er einen nachlässig-eleganten Eindruck, der durchaus zu einem so baumlangen hässlichen Mann wie ihm passt, zu einem Mann, der außerdem einen Koffer dabei hatte, der so alt war, dass er jeden Augenblick auseinanderzufallen und seinen Inhalt preiszugeben drohte – die Unterwäsche, ein paar ungeputzte Schuhe und die Zahnbürste. So kam Onkel Alberto, nachdem er die wacklige Gangway hinuntergestiegen war und uns, sein Begrüßungskomitee, am Ufer ausgemacht hatte, auf uns zu, um als Ersten bewegt meinen Vater in die Arme zu schließen, der sich wie immer, wenn er es mit Unbekannten zu tun hatte, ein wenig kalt und distanziert zeigte, dann, nicht frei von Schüchternheit, meine Mutter zu küssen und sich schließlich vor mir und meiner Schwester niederzukauern, uns in die Augen zu sehen, ein paar freundliche Worte zu sagen, uns über den Kopf zu streichen und jedem von uns ebenfalls einen Kuss zu geben. Da das Schiff, wie damals fast immer, mit ziemlicher Verspätung angekommen war, war es Zeit fürs Abendessen, weshalb meine Eltern beschlossen – vielleicht hatten sie es auch schon vor unserem Aufbruch zu Hause beschlossen –, eines unserer Lieblingsrestaurants am Hafen anzusteuern, *Casa Juanito*, wo man vor allem wegen des täglich frischen Fisches hinging, auch wenn ich für mich dort jedes Mal etwas anderes bestellte, Nudeln mit Tomatensoße, zum Beispiel, oder Fleischbällchen mit Kartoffeln. Zu unserer Überraschung tat Onkel Alberto es mir nach und verzichtete somit auf den hervorragenden gebratenen Fisch, den man dort serviert bekam – an diesem Tag wäre es Wolfsbarsch oder Goldbrasse gewesen, was genau, erinnere ich nicht –, von Fisch bekomme er nämlich Sodbrennen, erklärte er dazu, woraufhin meine Eltern sich verstohlen einen belustigten Blick zuwarfen, was sich in den folgenden Tagen noch des Öfteren wiederholen und schließlich auch meine Schwester und mich einschließen sollte, litt unser fremder Verwandter doch, wie wir bereits bei diesem ersten gemeinsamen Essen feststellen konnten, an zahllosen Tics und Manien, abgesehen davon, dass er gelegentlich stotterte. Bei alldem blieb er jedoch stets höflich und lächelte sein Gegenüber freundlich an. So lernten wir also an diesem Sommerabend im Jahr 1974 unseren unverhofft aufgetauchten neuen Verwandten kennen, was für meine Mutter, meine Schwester und mich nicht mehr als ein amüsantes Abenteuer war, für meinen Vater aber, wie ich heute sagen zu können glaube, eine längere Zeit der Angst und Ungewissheit mit sich brachte. Beim Essen war Onkel Alberto höchst redselig und beschrieb die Überfahrt im Schiff von Barcelona, auf der ihm gleich mehrmals übel geworden war, und das obwohl er Tabletten gegen Seekrankheit eingenommen hatte und kein einziges Mal an Deck gegangen war, nicht einmal, als plötzlich eine Gruppe Delfine aufgetaucht und dem Schiff zum Vergnügen der Passagiere im Kielwasser gefolgt war, was zugleich die vielleicht einzige Unterhaltung während der für gewöhnlich recht eintönigen Überfahrt dargestellt hatte. Wie er erzählte, hatte er zu Beginn der Reise zunächst mehrere Kreuzworträtsel gelöst, bis zum ersten Mal Übelkeit in ihm aufgestiegen war. Als es ihm später wieder etwas besser ging, hatte er sein kleines Klappschach aus dem Koffer geholt und mühelos eine Reihe von Aufgaben bewältigt, die er den in der Cafeteria des Schiffs ausliegenden Zeitungen entnommen hatte. Zum zweiten Mal war ihm dann nach dem Verzehr eines Bocadillo schlecht geworden, und das sollte nicht das letzte Mal auf der neun Stunden langen Fahrt gewesen sein, die er uns in einer Ausführlichkeit schilderte, als wäre es die erste Seereise seines Lebens gewesen, was keineswegs der Fall war, wie wir später erfahren sollten. Mein Vater hörte den Ausführungen seines Bruders schweigend zu und sah immer wieder uns an – heute glaube ich, dass er einfach nicht wusste, was er tun oder sagen sollte, und von der Situation vollkommen überfordert war oder zumindest große Schwierigkeiten hatte, sie zu begreifen und als wirklich hinzunehmen, ganz anders Onkel Alberto, der scheinbar mühelos erzählte und erzählte und dabei Makkaroni aß, als würden wir uns seit jeher kennen. Letztlich hatte *er* sich ja auch auf die Suche nach uns gemacht und uns treffen wollen, und nun hatte er uns endlich alle an einem Tisch versammelt, die – vermutliche – Furcht meines Vaters jedoch, der gerade erst Wiederaufgetauchte werde irgendwann anfangen, gewichtige Fragen aufs Tapet zu bringen, bestätigte sich weder während des Essens noch als wir später zu Hause waren. Onkel Alberto bestand darauf, die Rechnung zu übernehmen, und auf dem Weg zum Auto machten wir wie immer, wenn wir am Hafen essen gingen, Halt bei der Eisdiele *Los Valencianos*. Dort kam es zu einer Szene, die mein Vater sicher schon vorausgesehen hatte – wir trafen ein befreundetes Ehepaar, dem der Onkel natürlich vorgestellt werden musste. Mein Vater räusperte sich und sagte verlegen: »Das ist mein Bruder.« Woraufhin wir alle, nicht nur unsere Bekannten, die selbstverständlich nicht wussten, dass mein Vater einen Bruder hatte, ihn erstaunt ansahen – was uns betraf, begriffen wir auf einmal, jeder auf seine Art, mit welcher neuen Wirklichkeit wir es zu tun hatten. Onkel Alberto dagegen stellte völlig ungezwungen seinen alten Koffer ab – in der anderen Hand hielt er eine Waffel mit Schokoladeneis – und begrüßte das Ehepaar überschwänglich, mit von den Tics zuckendem Gesicht und liebevollen Worten. Zu den anstehenden Fragen und Antworten dagegen kam es erst während der folgenden Tage, in Zwiegesprächen, bei denen die beiden Hauptfiguren unter sich blieben. Auf diese Weise brachten sich die Brüder, die sich vor mehr als vierzig Jahren zum letzten Mal gesehen hatten, auf den neuesten Stand, wenn man das so sagen kann. Mein Vater muss Onkel Alberto also erklärt haben, wie es dazu gekommen war, dass er 1955 von Madrid nach Ibiza gezogen und bis jetzt dort geblieben war, während Alberto ebenfalls sein Leben dargelegt haben muss – er hatte als professioneller Schachspieler sein Geld verdient und tat dies immer noch, hatte keine Familie und widmete sich ausschließlich seiner ungewöhnlichen Laufbahn, hatte fast fünfundzwanzig Jahre in Buenos Aires gewohnt, später dann in Bordeaux, wo er heiratete und gleich darauf zum Witwer wurde, und danach in Bilbao, wo er auch zum damaligen Zeitpunkt wohnte, allerdings war er seit seinen ersten beruflichen Anfängen als junger Mann ständig und mit bald größerem, bald kleinerem Erfolg von Turnier zu Turnier gereist. All das, stelle ich mir vor, dürften die Brüder sich jedoch schon in knapper und allgemeinerer Form bei ihrem Telefonat einige Tage vor Albertos Besuch mitgeteilt haben, hatte Onkel Alberto meinen Vater doch offenbar ohne besondere Mühe aufgespürt, indem er sich an die Zentralstelle der nationalen Telefongesellschaft wandte. Warum sie nicht schon früher nacheinander gesucht hatten, warum sie nie den Versuch unternommen hatten, sich zu treffen, muss bei ihren Unterhaltungen auch zur Sprache gekommen sein, ja, wahrscheinlich war dies überhaupt der schmerzlichste Punkt, welche Begründungen die Brüder dafür jeweils anführten, habe ich aber nie erfahren, obwohl man es sich wenigstens zum Teil ausmalen kann, vor allem wenn man, was ja noch aussteht, die Tage und Umstände ihrer Trennung in Betracht zieht, zu der es in dem so fernen Jahr 1934 gekommen war – mein Vater war damals zehn und sein Bruder neunzehn gewesen.

Worüber mein Vater ebenfalls kaum je etwas erzählte, weder vor noch nach dem Auftauchen seines Bruders, war die Scheidung seiner Eltern, da wisse er nur sehr wenig, sagte er stets, und das, was er wusste, stammte ausschließlich von seiner Mutter, also meiner Großmutter Asunción, an die ich mich noch gut erinnern kann, auch wenn ihr Bild unweigerlich durch die unüberwindliche Entfernung verdunkelt wird – eine fadendünne elegante alte Frau, die nach einem Parfüm roch, dessen Bestandteile einem anderen Jahrhundert anzugehören und unwiederbringlich verloren schienen, genau wie ihre zahlreichen bedruckten Kleider aus einer glänzenden Seide, die ebenfalls nirgendwo mehr aufzutreiben war. Obwohl sie ein Mensch war, der viel sprach, galt dies nicht – leider, was den hier beabsichtigten Bericht betrifft –, wenn es um alte Familienangelegenheiten ging, da wurde sie schlagartig abweisend und wortkarg. Neben vielem anderen, was in diesem Zusammenhang keine Rolle spielt, erinnere ich noch, dass sie bei jedem unserer jährlichen Besuche in Madrid, wo sie in der Calle Galileo wohnte und wir immer mindestens zwei Wochen blieben, früher oder später die Gelegenheit fand, ernst dreinblickend darauf hinzuweisen, wie ähnlich ich dem Großvater, ihrem einstigen Gatten, doch sei, was, wie wir alle wussten, nichts Gutes verhieß. Durch das Wenige, was meine Großmutter Asunción preisgegeben hatte, die eine verbitterte, einsame und misstrauische Frau war, die die großen familiären Enttäuschungen, die sie erfahren hatte, stets im Bewusstsein trug – nicht frei von einer Koketterie, aus der sie eine beträchtliche Energie bezog –, wusste mein Vater nur, dass sie 1923 in der Kirche Nuestra Señora de los Ángeles im Madrider Stadtteil Cuatro Caminos einen verwitweten Infanteriehauptmann geheiratet hatte, der fast zwanzig Jahre älter war und einen Sohn hatte, der wie er Alberto hieß. Die dreiköpfige Familie bezog eine Wohnung in der Calle Raimundo Fernández Villaverde, wo ein Jahr später mein Vater zur Welt kam. Nach elf Jahren voller Streitigkeiten, über die meine Großmutter sich jedoch nie genauer ausließ, wurde die Ehe geschieden, woraufhin mein Großvater, der inzwischen zum Oberst aufgestiegen war, Madrid verließ. Seinen Sohn Alberto nahm er mit. Seitdem hatten sie kaum noch von ihm gehört, bis meine Großmutter eineinhalb Jahre später durch einen Bruder, der ebenfalls beim Militär war, erfuhr, dass mein Großvater in Valencia an einem Herzinfarkt gestorben war. Zu diesen ziemlich rudimentären Informationen meines Vaters kam ein Reihe von Tatsachen, die unmittelbar mit dem elterlichen Zerwürfnis zu tun hatten – meine Großmutter hatte angefangen, als Musiklehrerin an einer Schule zu arbeiten; zwei ältere unverheiratete Schwestern von ihr, Amparo und Dolores, die ebenfalls als Lehrerinnen arbeiteten, waren zu ihnen gezogen; bei der Scheidung hatte der Großmutter eine bekannte Anwältin zur Seite gestanden, Victoria Kent, eine republikanische Parlamentsabgeordnete, die offenbar mit ihrer Familie befreundet war; in den ersten vier oder fünf Monaten nach der Trennung hatte mein Vater seinen Vater wenigstens zwei Mal wiedergesehen, ob sein Bruder Alberto dabei gewesen war, wusste er jedoch nicht mehr. Danach waren der Vater und der Bruder für immer spurlos verschwunden, und die wenigen Erinnerungen und Gefühle, die sie hinterlassen hatten, hatten sich rasch verflüchtigt. Ich weiß noch, dass mein Vater, als Onkel Alberto am nächsten Morgen in unserem Wohnzimmer sein Schachspiel aufstellte, um zu »trainieren«, wie er sagte, plötzlich erbleichte – was außer mir niemand wahrnahm –, musste er doch feststellen, dass sein Bruder dafür just das Brett und die Figuren verwendete, mit denen sein Vater ihm – meinem Vater – einst die ersten Spielzüge beigebracht hatte. Das kleine Klappschach und die roten und weißen Figuren samt dazugehörigem Lederfutteral bewahre ich bis heute als einzige Reliquie jenes spröden Obersten und seines wiedererschienenen Sohns und Schachspielers auf und benutze es, mit wechselndem Geschick, für meine Versuche, die vertrackten Schachprobleme zu lösen, die ich der Zeitung entnehme.

Onkel Alberto ging gern an den Strand, anfangs hatte er allerdings nicht einmal eine Badehose, weshalb wir ihn zu einem Geschäft begleiteten, wo er sich eine kaufen konnte. Eines der Bilder, die sich mir aus diesen Julitagen am stärksten eingeprägt haben, ist der Anblick seiner großen schlaksigen Gestalt in Badehose, damit beschäftigt, lächelnd am Ufer zu stehen und den anderen Badegästen zuzusehen. Oder Onkel Alberto und mein Vater beim Strandspaziergang, vom einen Ende der Bucht zum anderen und wieder zurück, unaufhörlich redend, bald mit den Füßen im Wasser, bald auf dem trockenen Sand, bald mit, bald ohne Strohhut. Anschließend begab er sich ins Wasser, kauerte sich nieder, bis er ordentlich nass war, und ging wieder hinaus. Und behauptete jedes Mal, das Wasser sei kalt. Einmal griff er nach einer Qualle – er hatte offenbar noch nie welche gesehen, wenigstens nicht die Art Quallen, die es bei uns gab –, zum Glück brannte es aber nicht allzu schlimm und bis zum Abend war die Rötung schon wieder verschwunden. Bevor er morgens aus dem Haus ging, rieb er sich sorgfältig mit der Sonnencreme ein, die meine Mutter ihm empfohlen hatte, und nahm es dabei so genau, soll heißen: überzog seinen mit Leberflecken übersäten weißen Körper mit einer derart dicken Schutzschicht, dass er selbst am Mittag noch in einem klebrig-feuchten Glanz erstrahlte. Manchmal rauchte er auch Pfeife, während er, immerzu stehend, das Meer betrachtete. Meine Schwester und ich waren währenddessen mit unseren Dingen beschäftigt, spielten, schwammen oder erholten uns unter dem Schirm von der Sonne. Bei alldem verloren wir Onkel Alberto aber nie aus den Augen, hofften wir doch, einmal mehr zu Zeugen eines seiner Tics oder seltsamen Anwandlungen zu werden. Wie wir feststellten, beherrschte er mehrere Fremdsprachen: Einmal unterhielt er sich auf Deutsch mit einer Frau, die behauptete, ihr Armband verloren zu haben, während sie in aller Ruhe mit ihrem Mann am Strand entlanggeschwommen sei, mit dem Kellner der Strandbar wiederum sprach er Englisch – der Kellner war Spanier, hielt unseren Onkel aber offensichtlich für einen Ausländer –, mehreren Jungen, die ihn baten, ihm ihren Ball zurückzuwerfen, antwortete er auf Französisch, und ein Mädchen, das in einer Hängematte lag und Zeitung las, sprach er auf Italienisch an. Später fanden wir heraus, dass er außerdem Russisch lesen konnte, zumindest das Russisch der Schachzeitschriften – wie er sagte, hatte er sich diese Fähigkeit während eines fast sechsmonatigen Moskauaufenthalts angeeignet. Schon nach kurzem hatte er sich in den ungekrönten Herrscher des Strands verwandelt, wurde von allen gegrüßt und hatte seinerseits stets alles im Blick, was sich innerhalb des ihm unterstellten Gebietes abspielte, auf dem er sich sichtlich wohlfühlte. In regelmäßigen Abständen setzte er sich auch für eine Weile neben meiner Mutter in den Sand, die sich normalerweise nicht von ihrem ausgebreiteten Handtuch entfernte, es sei denn, um kurz ins Wasser zu springen. Dann unterhielt er sich mit ihr über Dinge, die ausschließlich mit dem Strand und dem, was dazugehörte, zu tun hatten – über die Leute um sie herum, darüber, wie heiß der Sand doch in der Sonne wurde, oder ob das Wasser an dem Tag stärker in Bewegung war als sonst. Dabei ging es ihm offensichtlich vor allem darum, sich nett und freundlich zu zeigen. Auch meine Schwester und mich sprach er im Lauf des Vormittags immer wieder einmal an, da er den Umgang mit Kindern jedoch nicht gewohnt war, wusste er nie recht, was er sagen oder tun sollte. »Na, gefällt's euch?«, fragte er vier, fünf, sechs Mal hintereinander, kurz, jedes Mal wenn wir, fast immer laufend, an ihm vorbeikamen. Oder er sagte: »Vorsicht mit den Quallen!« Obwohl er gerade erst seine erste Begegnung mit diesen Tieren gehabt hatte, während wir seit ewigen Zeiten mit ihnen vertraut waren und selbstverständlich wussten, dass man sie nicht anfassen darf. »Sei du mal schön vorsichtig, Onkel Alberto«, erwiderte meine Schwester, worauf ich in lautes Lachen ausbrach.

Die Vormittage verbrachten wir am Salinas-Strand und kehrten zum Mittagessen von dort nach Hause zurück, allerdings nie vor zwei Uhr. Onkel Alberto hielt normalerweise keine Siesta, sondern blieb im Wohnzimmer sitzen, manchmal bei laufendem Fernseher, und übte mit seinem kleinen Klappschach. Stets hatte er eins der Bücher neben sich liegen, die er mitgebracht hatte, darunter zwei, die er selbst vor vielen Jahren verfasst hatte, *Damengambit – die neuesten Tricks* und *Die Sizilianische Verteidigung, III.* Beide hielten nur noch lose zusammen und waren ziemlich vergilbt. Nach einigen Tagen fing ich an, mich für seine einsamen Partien zu interessieren, weshalb ich nach dem Essen nicht mehr wie sonst in mein Zimmer ging, sondern bei ihm blieb und die Schachzüge verfolgte, die er mit lauter Stimme für mich kommentierte. Ich wusste damals zwar, wie man die einzelnen Figuren bewegt, aber das war auch schon fast alles, dass es schriftliche Anleitungen dafür gibt, wie man am besten angreift oder verteidigt, und eine nahezu unendliche Anzahl möglicher Eröffnungen, mit deren Hilfe man sich eine gute Ausgangsposition für das Mittelspiel verschaffen kann, war mir neu – ich wusste nicht einmal, dass so etwas wie das »Mittelspiel« existiert. Onkel Alberto lachte über meinen erstaunten Anblick und führte mir in Windeseile sämtliche Spielzüge vor, die sich aus einem ungeschickten Manöver von mir ergaben, bis ich irgendwann völlig den Überblick verlor und nicht mehr folgen konnte. Einmal erzählte er mir in solch einem Augenblick, dass er und mein Vater als Kinder mit eben diesem Schachbrett gespielt hatten. Er hatte natürlich immer gewonnen, was dazu geführt hatte, dass sie das gemeinsame Spielen schon bald einstellen mussten, war mein Vater doch ein schlechter Verlierer gewesen und jedes Mal sehr wütend geworden, aber nicht nur das, er war dann immer zu seiner Mutter gelaufen und hatte sich beklagt, woraufhin diese ebenfalls wütend geworden war und ihren Stiefsohn mit einem ihrer gefürchteten vernichtenden Blicke bedacht hatte. »Ich hoffe, du bist nicht auch so ein verzogener Bengel«, sagte Onkel Alberto lachend, was ich wiederum überhaupt nicht zum Lachen fand – abgesehen davon, dass dies die einzige Anekdote aus jenen fernen Kindestagen war, die er mir erzählte, glaubte ich vor mir zu sehen, wie hoffnungslos unterlegen mein armer Vater sich den Schachkünsten des großen Kerls gefühlt haben musste, der Onkel Alberto mit seinen damals sechzehn oder siebzehn Jahren vermutlich bereits war; zudem hatte er ihn für seine Unfähigkeit womöglich auch noch verspottet. So gut ich mir also vorstellen konnte, wie unangenehm es gewesen sein musste, wenn Großmutter Asunción, deren schwieriger Charakter mir keineswegs unbekannt war, beschloss, in den Bruderstreit einzugreifen, ergriff ich dennoch unweigerlich Partei für meinen Vater und nicht für den hässlichen seltsamen Mann, den ich erst seit wenigen Tagen kannte und von dem ich bis jetzt bloß wusste, dass er gut Schach spielte, was für sich allein nicht viel besagte, schließlich spielten mindestens drei Jungen aus meiner Schulklasse ebenfalls sehr gut Schach, sie waren darüber hinaus aber auch noch in anderen Sachen gut, zum Beipiel in Mathematik oder Zeichnen – ob Onkel Alberto dagegen außer Schach spielen noch etwas richtig beherrschte, war mir nicht bekannt. Dass es tatsächlich das Einzige war, was er jemals gut gekonnt hatte, sollte mir allerdings schon bald klar werden, fast zur selben Zeit wie meinen Eltern.

Wenn die sommerliche Hitze gegen Abend allmählich nachließ, gingen wir für gewöhnlich alle zum Hafen, wo, wie mein Vater sagte, wenigstens ein bisschen der Wind wehte. Dort setzten wir uns auf die Caféterrasse des Casinos und blieben, fast immer in Gesellschaft von Freunden meines Vaters, bis es dunkel wurde, sahen den ein- und auslaufenden Schiffen und den vorbeiflanierenden Touristen zu und ließen uns das Eis und die Horchata schmecken. Wenn meine Schwester und ich unser Eis aufgeschleckt hatten, überließen wir die Eltern und deren Freunde ihren Unterhaltungen und machten uns mit unseren eigenen Freunden auf den Weg zum Leuchtturm, wo sich einsame Angler und Liebespärchen Seite an Seite die Zeit vertrieben, oder wir näherten uns den am Ufer vertäuten Luxusjachten und versuchten, vom Kai aus einen Blick in ihr Inneres zu erhaschen. Onkel Alberto fand bald heraus, dass in einem geräumigen und verrauchten Salon des alten Casinos Schach gespielt wurde, und so begab er sich schon beim zweiten oder dritten Besuch der Caféterrasse, nachdem er mit dem üblichen Zucken im Gesicht feierlich die Freunde meiner Eltern begrüßt hatte, auf geradem Wege dorthin, um den Spielern zuzusehen. Bei den ersten Besuchen widersetzte er sich den Aufforderungen noch, doch irgendwann konnte er nicht mehr widerstehen und ließ sich an einem der Tische nieder, was für die alten Spieler des Casinos, fast sämtlich Militärs, Richter oder Anwälte im Ruhestand, ein wahres Erdbeben nach sich ziehen sollte, hatten sie es bis dahin doch noch nie mit einem Spieler von der Kategorie Onkel Albertos zu tun bekommen. Selbstverständlich ließ der es sich nicht einfallen, zu verraten, dass er Berufsspieler, und erst recht nicht, dass er im Besitz des Titels eines »Internationalen Meisters« war. Stattdessen sorgte ich dafür, dass Toni es erfuhr, der Kellner, der die Nachricht unverzüglich weiterverbreitete, zum Ärger meines Onkels, der bis dahin einfach nur als der wie aus dem Nichts erschienene Bruder meines Vaters aufgetreten war. Er gewann jedenfalls mühelos, und zunächst wollten alle mit ihm spielen, bis der Reiz des Neuen sich verflüchtigte und klar wurde, dass er schlichtweg unbezwingbar war, woraufhin das Interesse, gegen ihn anzutreten, erlosch, hatte es doch keinen Sinn, sich immer wieder neu auf so demütigende Weise besiegen zu lassen. Schach ist allerdings ein Spiel – oder vielleicht mehr als ein Spiel eine geistige Herausforderung, wie mein Onkel sagte –, das sich, als Spektakel betrachtet, in mehreren kuriosen Abwandlungen durchführen lässt, die auch schon bald in dem alten Salon des Casinos zur Anwendung kamen. Als Erstes zu nennen wäre hier das Simultanschach, und so saßen eines Tages all die grauhaarigen Militärs und pensionierten Beamten da – jeder vor seinem eigenen Brett – und warteten darauf, dass der Meister bei ihnen vorbeikommen, einen Zug ausführen und zu ihrem Nachbarn weiterwandern würde, um die auf diese Weise gleichzeitig gespielten bis zu zehn, elf, ja zwölf Partien selbstverständlich sämtlich ohne größere Schwierigkeiten zu gewinnen. Nicht einmal ein Remis ließ er zu. Als auch diese durchaus anspruchsvolle Tätigkeit langweilig geworden war, versuchten sie es mit Blindschach, genauer gesagt mit Blindsimultanschach. Wieder trat mein Onkel also gegen alle Gegner gleichzeitig an, führte seine Züge diesmal jedoch aus, ohne aufs Spielbrett zu sehen, anders gesagt, rein aus dem Gedächtnis, was mich begeisterte und meinen Stolz auf unseren fremden Verwandten immer größer werden ließ. Meine Eltern dagegen beeindruckte am meisten, dass er sich offenbar jahrelang auf diese Weise seinen Lebensunterhalt hatte verdienen können, wir betrachteten Onkel Alberto folglich zusehends als waschechten Zauberkünstler, der in der Welt herumgereist war, um in Dorfcasinos und auf öffentlichen Plätzen, in Schulen und Universitäten, vor staunenden Kindern und Amateurspielern seine Tricks darzubieten. Allerdings hatte er, wie wir später erfuhren, nicht nur mit Schachspektakel Geld gemacht, sondern gelegentlich auch Unterricht gegeben, Schachrätsel für Zeitungen und Zeitschriften sowie mehrere anspruchsvolle Fachbücher verfasst, die in Buenos Aires erschienen waren. Dort hatte er außerdem um die Mitte des vergangenen Jahrhunderts zum Team des aus Polen stammenden argentinischen Schachgroßmeisters Miguel Najdorf gehört, den er als seinen Lehrer betrachtete und von dem er alle möglichen Anekdoten zu erzählen wusste, so etwa die von einem gemeinsamen Aufenthalt im Jahr 1947 in São Paulo, wo der Großmeister allein gegen fünfundvierzig Gegner zum Simultanblindschach antrat, ein bislang unübertroffener Rekord, der wohl auch kaum je wird übertroffen werden können. Die Veranstaltung begann am 25. Januar um neun Uhr abends und endete erst am nächsten Tag um acht Uhr, wiederum am Abend. Als mein Onkel die Umstände und den Verlauf dieses geradezu magischen Wettkampfes schilderte, hörten die Spieler aus dem Casino zunächst andächtig lauschend zu, wollten dann jedoch mehr wissen und fingen an, ihm Frage um Frage zur Person Najdorfs zu stellen – und nichts liebte Onkel Alberto so sehr, wie stundenlang über den Mann zu sprechen, den er mehr als alle anderen Menschen bewundert und geliebt hatte. In seiner Brieftasche trug er stets ein kleines Foto bei sich, auf dem die beiden zu sehen waren, wie sie, in dicke Mäntel gehüllt, während einer Tour durch Uruguay in die Kamera lächelten, und obwohl Onkel Alberto damals zwanzig Jahre jünger war – die Aufnahme stammte aus dem Jahr 1954 –, glich er dem Onkel Alberto, den wir gerade erst kennengelernt hatten, vollkommen, er trug dieselbe Brille, hatte dieselbe Glatze und war selbstverständlich auch genauso lang und schlaksig wie der Mann, den wir vor uns hatten und der tatsächlich so ungeschickt und linkisch war, wie er aussah.

2

Wie unser Onkel Alberto nach Argentinien gelangt war und warum er beschlossen hatte, dort zu bleiben, erfuhr ich einige Jahre später von meinem Vater. Der wiederum wusste es durch seine Gespräche mit ihm während der Tage ihrer Wiederbegegnung und erzählte es mir, als wir an einem Sonntagmorgen unsere Erinnerungen an diesen so besonderen Besuch hervorholten, der ein so unglückliches Ende nehmen sollte. Nach der Scheidung meiner Großeltern im Jahr 1934 war mein Onkel, wie gesagt, mit seinem Vater nach Valencia gezogen, wo er ein Jahr später, als er gerade den Militärdienst ableistete, zur Waise wurde. Anfang 1936, als er den Militärdienst beendet hatte, nicht so jedoch eine Ausbildung zum Diplomkaufmann, beschloss er, sich mit dem väterlichen Erbe im Gepäck nach Buenos Aires einzuschiffen. Er folgte der Einladung eines Onkels mütterlicherseits, der zwanzig Jahre zuvor ausgewandert war und den er noch nie gesehen hatte. In Argentinien angekommen, traf er auf eine Familie mit mehr Vettern und Kusinen, als er sich hätte träumen lassen – es waren wohl an die zehn –, die ihn wie einen Bruder aufnahmen und ihm zu einer Anstellung bei einer Versicherungsgesellschaft verhalfen. Wie er meinem Vater erzählte, schickte er ihm damals einen Brief an seine Madrider Adresse, also an die Wohnung, in der er selbst elf Jahre gelebt hatte. Darin berichtete er von der Überfahrt und seinen neuen Lebensumständen. Mein Vater konnte sich jedoch weder an diesen noch an sonst einen Brief seines Bruders aus der Zeit nach dessen Abreise aus Madrid erinnern. Spanien verschwand allmählich aus Onkel Albertos Bewusstsein, weder die Nachrichten vom Bürgerkrieg noch über das, was auf diesen folgte, wie überhaupt keine der Nachrichten, die in diesen Jahren aus Europa eintrafen, ließen eine Rückkehr verlockend erscheinen. Buenos Aires gefiel ihm, seine Vettern und Kusinen waren nett, die Arbeit nicht allzu schwer, wenn auch ein wenig eintönig, vor allem aber entdeckte er schon bald einen Schachclub, den *Círculo Alfil*, der nicht weit von seiner im Stadtteil San Nicolás gelegenen Wohnung entfernt war. Hier brachte er von da an seine gesamte oder fast die gesamte Freizeit zu. Schach hatte er immer schon gespielt, seit sein Vater ihm auf dem kleinen Klappschach, das heute mir gehört, die ersten Spielzüge beigebracht hatte. Mit fünfzehn war seine Begeisterung dann endgültig erwacht – an der Calderón-de-la-Barca-Sekundarschule, die er besuchte, fanden damals auf Betreiben seines Mathematiklehrers regelmäßig Schachturniere statt. Der Lehrer, von dem später auch mein Vater unterrichtet werden sollte, hieß offenbar Ricardo Salazar, und ich erinnere mich noch, dass die Brüder während ihres Wiedersehens bei uns zu Hause voller Bewunderung von ihm sprachen. Die Begeisterung hielt auch während des Studiums und Militärdienstes an, wo er im Auftrag eines mit seinem Vater, also meinem Großvater, befreundeten Feldwebels anderen Rekruten Schachunterricht erteilte. In dem Schachclub in Buenos Aires wiederum entwickelte sein Talent sich rasant, woran die ständige Übung und die ebenso begabten wie eifrigen Mitstreiter einen wichtigen Anteil hatten. Im *Círculo Alfil* traf er Anfang der vierziger Jahre auch zum ersten Mal auf Miguel Najdorf, von dem er schon gehört hatte, war dieser doch in Buenos Aires zu einer berühmten Figur geworden, seit er, als er 1939 vom Kriegsausbruch erfuhr, beschlossen hatte, in Argentinien zu bleiben und nicht nach Polen zurückzukehren, von wo er zuvor angereist war, um an der achten Schacholympiade teilzunehmen, ein Beschluss, der ihm, der Jude war, das Leben retten sollte, nicht so jedoch seiner Familie – seiner Frau, seiner Tochter, seinen Eltern und Brüdern –, die im Warschauer Ghetto oder diversen NS-Vernichtungslagern vollständig ausgelöscht werden sollte. Der damals neunundzwanzig Jahre alte Najdorf hatte sein Leben, das auf einmal lauter Leerstellen enthielt, in der seltsamen kosmopolitischen Stadt fortgesetzt, Spanisch gelernt, eine neue Familie gegründet, die argentinische Staatsbürgerschaft und dazu den Vornamen Miguel angenommen – eigentlich hieß er Moishe Mendel. Vor allem aber spielte er unaufhörlich Schach, wurde schon bald zum besten Spieler Argentiniens und erlangte insbesondere wegen seiner Fähigkeiten im Schnell- und Blindschach wie auch als taktischer Neuerer Weltruhm – eine der bekanntesten Varianten der Sizilianischen Verteidigung ist nach ihm benannt.

Die Begegnung im *Círculo Alfil* veränderte Onkel Albertos Leben, von da an wusste er, dass er sich mit nichts anderem als Schachspielen beschäftigen wollte, was ihm allerdings erst Jahre später möglich wurde, und auch dann nur um den Preis, mit noch weniger auskommen zu müssen als bisher – nicht einmal Najdorf hatte es geschafft, allein vom Schach zu leben. Er folgte seinem Meister, der ihm wie ein Guru den Weg wies und ihn als hochbegabten Schüler annahm, er lernte, zu verlieren und zu leiden, und kämpfte darum, ein großer Spieler zu werden, wie es alle von ihm erwarteten. Dafür trat er in Bars, Clubs und riesigen seelenlosen Salons von Provinzvereinen an, trug einen Berg Medaillen und billiger Pokale zusammen, schlief in schäbigen Hotels in eisigen Bergdörfern und vernachlässigte darüber zusehends die Arbeit für die Versicherungsgesellschaft, wo man ihm schließlich eines Tages zu Recht die Türe wies. Wieder müssen ihm daraufhin seine argentinischen Verwandten zur Seite gesprungen sein, diesmal, indem sie eine kleinere Schuldensumme übernahmen, die sich mehr durch Nachlässigkeit als fehlende Geldmittel angehäuft hatte. Außerdem besorgten sie ihm eine neue Stelle im Büro einer Baustofffabrik, wo er jedoch offenbar aus den gleichen Gründen wie zuvor nicht allzu lange bleiben sollte. Dass er nie so gut spielen würde wie sein Lehrer, war ihm klar, andererseits wusste er, welchen Rang er trotz seiner Beschränkungen sehr wohl würde einnehmen können, weshalb er nicht nachließ und stetig besser wurde, in komplizierten Lagen fand er rasch Lösungen, war geschickter als die meisten, wenn es um das Endspiel ging, hatte ein waches Auge für Fallen und Hinterhalte, beherrschte makellos das Damenläuferspiel und stand bei alldem stets in der Obhut des großen Najdorf, der ihn schließlich in das Team aufnahm, mit dem er in den fünfziger Jahren an den großen Turnieren in Europa wie auch an den Weltmeisterschaften teilnahm, aus denen stets die Russen als Sieger hervorgingen. Dies war vielleicht Onkel Albertos beste Zeit – auf immer neuen Reisen lernte er die unterschiedlichsten Städte kennen – Moskau, Helsinki, London, Paris, Havanna, Zürich, Budapest, Mailand, New York –, begegnete den besten Spielern der Welt – Petrosjan, Tal, Botwinnik, Smyslow, Keres, Fine, Euwe –, von denen man eigentlich bloß lernen konnte, und doch galt es ebenso, ihre geheimen Schwächen aufzudecken, und bei alldem begleitete er stets seinen Meister, bereitete mit ihm die Partie des nächsten Tages vor, analysierte die Fehler vom Vortag und versuchte, sich neue Verteidigungs- oder Angriffsvarianten auszudenken, mit denen man den Gegner wenigstens für ein paar kostbare Minuten überraschen konnte. Nur ein einziges Mal, 1957, reiste er nach Spanien, wo Najdorf in Barcelona an einem Turnier teilnahm. Alles, was er von dieser Reise erinnerte, war eine ziemlich schmutzige Stadt, in der er sich genauso fremd fühlte wie an jedem anderen ihm unbekannten Ort, aber es gab ja auch niemanden, den er dort hätte besuchen können. Vielleicht fiel ihm damals wieder ein, dass er einen Bruder in diesem Land hatte, das er nicht mehr als sein Land zu bezeichnen wagte, und vielleicht sagte er sich bei der Gelegenheit, dass dieser Bruder seinerseits wohl kaum je an ihn dachte. Irgendwann war es mit diesen Reisen aber vorbei, oder es kam jedenfalls nur noch selten dazu, hatte Großmeister Najdorf doch die Hoffnung aufgegeben, das Szepter des Weltmeisters zu erringen, das immer nur von der Hand des einen Russen in die des nächsten Russen wanderte, sein Team löste sich auf und Onkel Alberto versuchte es fortan im Alleingang, bestritt Turniere in Argentinien, Uruguay und Brasilien, spielte Schaupartien an Schulen, endlose Simultanschachwettbewerbe in kleinen Provinzstädten, und spezialisierte sich auf Blindschach, wie sein Meister, was am besten bezahlt und am häufigsten nachgefragt wurde, oftmals an den ungewöhnlichsten Orten, wo seine Auftritte an die Vorstellung eines Jahrmarktzauberers erinnert haben müssen. Und wenn trotzdem wieder einmal das Geld knapp wurde, konnte er immer noch, jawohl, auf die argentinischen Vettern und Kusinen zurückgreifen, deren Zuneigung und Bewunderung deshalb offenbar um nichts nachließ.

Wo Onkel Alberto Monique kennenlernte, ob in Buenos Aires oder einer Stadt in Brasilien, bei einem der zweit- oder drittklassigen Turniere, an denen er regelmäßig teilnahm, wusste mein Vater nicht mehr, er erinnerte sich bloß, dass sie sich offenbar zum ersten Mal in einer Cafeteria begegnet und dabei zufällig ins Gespräch gekommen waren. Monique stammte aus Bordeaux, wo sie zeitlebens gewohnt hatte, war Französin, verwitwet und zwei Jahre älter als mein Onkel, der damals schon sechsundvierzig war. Gerade einmal sieben Monate später lebten sie bereits zusammen in Bordeaux, wozu es nur gekommen sein kann, weil es sich um wahre Liebe handelte, wie mein Vater sich gerne sagte, der seinen verschwundenen Verwandten im Lauf der Jahre immer stärker idealisierte, auch wenn er versuchte, sich das nicht anmerken zu lassen, indem er stets nur wie nebenbei von ihm sprach, so wie jemand, der nicht an Gespenster glaubt, obwohl er eins gesehen hat. Im Herbst 1960 verließ er also Argentinien und fing in Frankreich ein neues Leben an, ein Leben, das er sich in Wirklichkeit wohl kaum anders als sein bisheriges Leben vorgestellt haben dürfte, schließlich war Schachspielen das Einzige, was er konnte, etwas zu lernen, was nichts mit diesem Spiel zu tun hatte, lag offenkundig jenseits seiner Möglichkeiten, auch wenn sein Leben, was seine Gefühlswelt anging, unversehens eine ganz und gar erfreuliche Wendung genommen hatte und sich Möglichkeiten vor ihm auftaten, die einem an ein einsiedlerisches Dasein gewohnten Mann wie ihm geradezu unfassbar erschienen sein müssen. Über sein Leben in Bordeaux wissen wir, dass es auf beglückende Weise von Monique in Beschlag genommen wurde und ihn dennoch auch jetzt nichts davon abhielt, an Turnieren teilzunehmen, in der gesamten Region sein Können im Simultan- und Blindschach vorzuführen und sogar zweimal französischer Vizemeister zu werden. Im November 1961, als sie bereits seit einem Jahr zusammenlebten, heirateten die beiden, mehr brachte mein Vater über ihre kurze Ehe allerdings nicht in Erfahrung, Onkel Alberto sagte nur jedes Mal voll trauriger Sehnsucht, dass sie sehr glücklich gewesen sei, was alles war, was er dazu mitteilen konnte, hinderte ihn die Erinnerung an Moniques Tod durch Magenkrebs im Jahr 1966 doch daran, weiterzusprechen, er fand nicht die richtigen Worte, um die ungeheure Bedeutung dieser wenigen Jahre auszudrücken, dieses Abschnitts seines Lebens, in dem die Liebe und das Schach, zwei Spiele, die einen jedes für sich ganz und gar beanspruchen können, eine verführerische Verbindung eingegangen waren, er schüttelte bloß den Kopf, kurz davor in Tränen auszubrechen, und beklagte sein Unglück. Gerne hätten wir also mehr über Monique erfahren, aber davon abgesehen, dass sie eine wunderbare Frau war, wie Onkel Alberto sich offenbar vorzugsweise ausdrückte, eine Schwester in Bologna hatte, die sie wenigstens zwei Mal im Jahr besuchten, Lesen eine ihrer großen Leidenschaften war, weshalb überall in ihrer Wohnung Bücher zu finden waren, vor allem Romane, und dass sie von Schach keine Ahnung hatte, als sie sich kennenlernten – was sich natürlich sehr schnell ändern sollte –, von all dem abgesehen also haben wir nichts herausfinden können. Nach Moniques Tod verließ Onkel Alberto Frankreich, kehrte allerdings nicht nach Buenos Aires zurück, was, wenigstens im übertragenen Sinn, naheliegend gewesen wäre, sondern beschloss, in Bilbao sein Glück zu versuchen. Er kannte die Stadt nicht, konnte dort aber auf die Hilfe eines argentinischen Freundes zählen, der Héctor oder Néstor hieß – wie genau, wusste mein Vater nicht mehr –, sich vor zwei Jahren in der baskischen Metropole niedergelassen und eine Privatschule aufgemacht hatte. An dieser Schule, wo offensichtlich alle möglichen Dinge erlernt werden konnten, gab Onkel Alberto Schachunterricht – Bobby Fischer war um diese Zeit dabei, Weltruhm zu erlangen, und so gab es viele Kinder und Jugendliche, die dem genialen Amerikaner nacheiferten –, und das war auch seine Hauptbeschäftigung, als er 1974 bei uns erschien, obgleich er sich natürlich schon bald innerhalb der kleinen Schachgemeinde Bilbaos auf Turnieren und als Blindspielspezialist einen Namen gemacht hatte. Von Bobby Fischer erzählte er während seines Besuches des Öfteren, wie er sagte, hatte er ihn 1979 in Palma de Mallorca kennengelernt, wo das amerikanische Schachgenie am Interzonenturnier teilnahm, auf dem über die Klassifikation für die zwei Jahre später in Island stattfindende Weltmeisterschaft entschieden wurde, bei der Fischer schließlich in dem sogenannten »Match des Jahrhunderts« gegen Boris Spasski den Titel gewann. Damals traf er auch seinen Meister Miguel Najdorf wieder, der nicht selbst am Turnier teilnahm, aber trotzdem nach Mallorca gereist war, um die Entwicklung des Amerikaners zu verfolgen, gegen den er in den Jahren davor zweimal hatte spielen können und der, wie er hoffte, endlich der sowjetischen Vorherrschaft ein Ende bereiten würde, wie es dann ja auch, wenigstens für kuze Zeit, geschah. Najdorf berichtete außerdem für die argentinische Zeitung *La Nación* von dem Turnier, und wie ich selbst habe feststellen können, erwähnt er unseren Onkel in seinen Beiträgen zwei Mal. Einmal schreibt er von seiner Freude über die Wiederbegegnung mit einem großen »argentinischen« Spieler, den er seit zehn Jahren nicht mehr gesehen habe. Beim zweiten Mal nennt er ihn als Teilnehmer einer spontanen Gesprächsrunde im Hotel, zu der auch Bobby Fischer und der große dänische Schachspieler Bent Larsen gehört hätten – der Amerikaner habe bei der Gelegenheit mit todernstem Gesicht erzählt, er habe früh am Morgen im Pool des Hotels gebadet, sei jedoch beim Anblick der sich in Schwimmkleidung nähernden russischen Delegation sofort aus dem Becken geklettert und, ohne sich abzutrocknen oder auch nur den Bademantel oder die Badeschuhe anzuziehen, auf sein Zimmer geflohen, wodurch er ihren Plan vereitelt habe, ihn an Ort und Stelle zu ertränken … Wie Najdorf weiter schreibt, hatte die Geschichte meinen Onkel sehr amüsiert, weshalb er in lautes Lachen ausgebrochen sei – während Larsen und er, Najdorf, selbst schweigend dreingeblickt hätten, in der Gewissheit, dass seine Reaktion den Zorn des genialen Amerikaners und das Ende der bis dahin so behaglichen wie unvergesslichen Runde herbeiführen werde.

In der Seele unseres fremden Verwandten hatten noch andere Niederlagen ihre Spuren hinterlassen, wovon ich mir, als Kind, damals allerdings keine Vorstellung machen konnte. Der alte Mann, den ich im Sommer 1974 kennenlernte, hatte es zweifellos vor allem auf ein wenig Zuneigung abgesehen – darauf, von uns Zuneigung zu empfangen, wie auch seinerseits uns Zuneigung spüren zu lassen.

Dass er dafür nicht gerade den am einfachsten zugänglichen Ort ausgewählt hatte – das Haus eines Bruders, der ihn längst vergessen hatte, und eine Familie, die nicht das Geringste von ihm wusste –, war ihm womöglich nicht recht klar, doch trotz unseres anfänglichen Staunens nahmen wir ihn innerhalb weniger Tage ohne größere Schwierigkeiten als unseren Onkel und Schwager an. Etwas länger, soweit ich mich erinnere, dauerte es – was einem gewissen Misstrauen und vielleicht auch geheimem Groll geschuldet war –, bis er auch als wieder aufgetauchter Bruder angenommen war. Er wiederum liebte uns vom ersten Tag an, und obwohl er keinerlei Anstrengung unternahm, anders zu sein, als er nun einmal war, das heißt ein in der Tat seltsamer Mensch mit allen möglichen Manien, die aber, so erstaunlich sie teilweise waren, niemandem wehtaten, trotz all dem also versuchte er jederzeit, uns auf seine Weise zu verstehen zu geben, dass er außer uns keine Familie hatte und sehr glücklich darüber war, uns gefunden zu haben. Eine Rückfahrkarte hatte er nicht im Gepäck – wie ich später erfuhr, war er damit einem Vorschlag meines Vaters gefolgt –, was andererseits bedeutete, dass er jederzeit wieder hätte abreisen können, eben je nachdem, wie die Dinge sich entwickelten, was bei den seiner Ankunft vorausgegangenen Telefonaten nicht so ohne weiteres abzuschätzen gewesen war. Und obwohl er offenbar nicht vorgehabt hatte, länger als eine Woche bei uns zu verbringen, verschob er die Rückkehr, als diese Zeit verstrichen war, weil tatsächlich, wie er gehofft hatte, alles sehr gut ging und nicht nur meine Mutter, meine Schwester und ich ihn baten, noch zu bleiben, sondern auch mein Vater, dessen anfängliches Misstrauen nach und nach der vergessenen Zuneigung aus Kindestagen gewichen war. So stand er an jedem Morgen voll geradezu kindlicher Freude auf und fragte beim Frühstück, noch im Schlafanzug, was für heute geplant sei, obwohl klar war, dass wir das Gleiche tun würden wie an allen diesen Tagen – den

Vormittag über baden, zu Hause Mittag essen und gegen Abend ins Casino aufbrechen, wo er sich wie immer mit seinen Bewunderern, den alten Schachspielern, treffen würde. Manchmal machten wir, bevor wir das Casino ansteuerten, noch einen Abstecher in eins der umliegenden Dörfer – was auch immer wir ihm zeigten, Onkel Alberto war begeistert und drückte emphatisch seinen Dank dafür aus, so viel Schönes zu sehen zu bekommen, wie er auch ein ums andere Mal wiederholte, dass er nur zu gut nachvollziehen könne, dass mein Vater seinerzeit nicht nach Madrid zurückgekehrt, sondern hier, in diesem »Paradies«, geblieben sei, was sich, so wie er es sagte, anhörte, als wollte der große Bruder dem kleinen zu verstehen geben, dass er dessen Entscheidung gutheiße, was unter den gegebenen Umständen – die Entscheidung lag schließlich viele Jahre zurück – ein wenig komisch anmutete. Bei diesen Ausflügen saß er für gewöhnlich auf dem Beifahrersitz, neben meinem Vater, sagte kaum ein Wort, betrachtete die vorbeiziehende Landschaft und deutete gelegentlich auf ein Haus, einen Berg oder was auch immer ihm gerade besonders schön oder einzigartig erschien. Am meisten wunderte er sich darüber, dass die Insel so wenig bevölkert sei beziehungsweise dass hier kaum Menschen lebten, was mir als eine seiner typischen Spitzfindigkeiten erschien, meiner Ansicht nach gab es hier nämlich genauso viele Menschen, wie es nun einmal gab, weder viele noch wenige, ausgerechnet im Juli dagegen, wie auch danach im August, gab es mehr als während des restlichen Jahres, schließlich kamen in dieser Zeit die Touristen. Außerdem sagte er, die Strände seien sehr klein – womit ich ebenfalls nicht einverstanden war –, und das Meer, das so ruhig und offenbar so wenig gefährlich sei, komme ihm eher wie ein großer See vor. Einen See hatte ich wiederum bis dahin noch nie gesehen, weshalb ich nicht wusste, was ich von seinen Worten halten sollte, dafür wusste ich aber – und sagte ihm das auch –, dass es hier im Winter sehr wohl zu Schiffsunglücken kam – vor allem Fischer waren davon betroffen – und dass aus eben diesem Grund einer meiner Mitschüler keinen Vater mehr hatte.

So verstrichen die ersten zwei Wochen seines Aufenthalts bei uns. Dass er in dieser Zeit so viel der Sonne und dem Meer ausgesetzt war, führte, wie er sagte, zu einer spürbaren Verbesserung seines Gesundheitszustands. Wir hatten allerdings bislang nichts davon bemerken können, dass er in irgendeiner Weise krank war. Schlimmstenfalls hatte er gelegentlich darüber geklagt, dass er nicht mehr so gut sehe oder dass ihm der rechte Fuß ein wenig wehtue, was nach Ansicht meines Vaters womöglich einer Arthritis geschuldet war. Als wir einmal – am Geburtstag meiner Schwester – in einem Restaurant in der Stadt zu Abend aßen, erklärte er außerdem, er könne nachts nicht gut schlafen, ich hörte ihn allerdings regelmäßig laut schnarchen, wenn ich selbst im Bett lag, und wenn meine Mutter ihn seitdem morgens fragte, wie er die Nacht verbracht habe, erwiderte er unweigerlich, »eigentlich ganz gut«, was in Wirklichkeit zwar wohl »schlecht« heißen, zugleich aber besagen sollte, dass das nicht so wichtig sei und wir uns deswegen keine Sorgen machen sollten. Nach dem Frühstück beziehungsweise vor dem Aufbruch zu unserer täglichen kleinen Autofahrt an den Salinas-Strand las Onkel Alberto immer ein paar Seiten eines Buches, das er mitgebracht hatte. Es war das einzige, das nichts mit Schach zu tun hatte, trug den Titel *Le Hussard sur le toit* und war ein Roman des französischen Schriftstellers Jean Giono – zweifellos enstammte er Moniques Bibliothek. Zu Ende las Onkel Alberto das Buch allerdings nicht, und auch ich, der ich es bis heute besitze, habe es nie ganz gelesen. Wenige Minuten bevor es tatsächlich losging – das erinnere ich noch genau –, nahm er dann fast jedes Mal ein Aspirin, gegen die Kopfschmerzen, wie er sagte, heute frage ich mich jedoch, ob er Kopfschmerzen meinte, die er bereits hatte, oder Kopfschmerzen, die er zu bekommen fürchtete. Am Strand machte er jedenfalls, wie schon gesagt, stets einen glücklichen Eindruck, während er alles um ihn herum mit schier unersättlicher Neugier betrachtete, was seinerseits die Neugier und, wie ich mir heute sage, wahrscheinlich auch das Misstrauen der anderen hervorrief. Dieselbe geradezu fieberhafte Neugier brachte ihn dazu, in der zweiten Woche eine Probefahrt mit einem Tretboot zu unternehmen – zu behaupten, dass es ihm gefiel, an Bord eines solchen, eigentlich doch recht primitiven Touristengefährts durchs Wasser zu gleiten, wäre eine ziemliche Untertreibung: Von da an verging kein Tag, an dem er sich nicht gleich nach der Ankunft am Strand zu Pepe begab, einem Bauern, der die Feldhacke gegen eine kleine Kontrolleurstasche eingetauscht hatte und sich seitdem um den Verleih von Tretbooten wie auch Sonnenschirmen und Hängematten kümmerte, um bei ihm eins der Boote zu mieten, allerdings nicht ohne sich mit dem alten Mann zuvor ausführlich über den Verlauf des vergangenen und die Aussichten des bevorstehenden Tages unterhalten zu haben. Anschließend forderte er meine Schwester und mich jedes Mal auf, einzusteigen und ihn auf seiner Spazierfahrt zu begleiten. Die Pedale betätigte fast immer nur er, und das ganz langsam, meine Schwester und ich dagegen wechselten uns zwar auf dem Beifahrersitz ab, traten aber, wenn, dann bloß ziemlich kraftlos in die Pedale. Umso lieber sprangen wir ein ums andere Mal vom Boot ins Wasser und kletterten wieder an Bord, was Onkel Alberto niemals eingefallen wäre – er fuhr immer nur still lächelnd dahin und rührte sich nicht von dem harten Plastiksitz, wie er sich auch nie allzu weit vom Ausgangspunkt entfernte, bestenfalls wagte er sich, von uns angetrieben, bis zu ein paar Höhlen vor, in die er, auf unsere Bitten hin, manchmal, mit leiser Sorge im Blick, ein Stück hineinfuhr.

Es gab keinerlei Vorwarnungen und auch sonst nichts, was in irgendeiner Weise das, was sich ereignen sollte, angekündigt hätte. Es geschah einfach, als wäre es die natürlichste Sache der Welt – als wären der Augenblick und Ort schon seit langem in einem geheimen Kalender festgelegt beziehungsweise auf einer unsichtbaren Karte verzeichnet gewesen. Der Tag, an dem Onkel Alberto starb, fing an wie alle Tage, die ihm vorausgegangen waren – mit einem gemeinsamen Frühstück zu Haus, heiteren Gesprächen und der üblichen Fahrt an den Strand. Vor dem Aufbruch las Onkel Alberto wie immer ein paar Seiten von *Le Hussard sur le toit* und nahm ein Aspirin. Am Salinas-Strand angekommen, zog er wie jeden Tag sein Hemd aus und hängte es an den großen Sonnenschirm der Familie, ging zu den Tretbooten, unterhielt sich mit Pepe, bestieg eins der Boote – für gewöhnlich ein orangefarbenes Exemplar, das neueste von allen – und winkte uns dann zu sich. Wir stiegen, so wie immer, erst an Bord, als Onkel Alberto sich bereits, bedächtig in die Pedale tretend, ein kleines Stück vom Ufer entfernt hatte. Meine Schwester nahm neben ihm Platz und ich setzte mich nach hinten und ließ die Füße ins Wasser hängen. Nach einer Weile erreichten wir eine sandige, nicht besonders tiefe Stelle, wo wir wie jedes Mal anhielten, damit meine Schwester und ich ins Wasser springen konnten, während unser Onkel, die Rechte am Steuer und ohne sich von der Stelle zu rühren, uns lächelnd zusah. Anschließend kletterten wir wieder an Bord und fuhren weiter, bis zu den Höhlen, in deren nach Stein riechende dunkle Kühle wir eindrangen, um kurz darauf ans helle Tageslicht zurückzukehren. Genau in dem Augenblick, in dem wir das schmale Felsentor der sogenannten Großen Höhle passierten, hörte Onkel Alberto auf zu treten, woraufhin meine Schwester ihn ansah – sein Gesicht war auf einmal wie durchscheinend, die Züge verzerrt und die Augen weit geöffnet, der Blick aber erloschen –, um festzustellen, dass er das Bewusstsein verloren hatte. Ich wiederum merkte, dass sie plötzlich erschrocken zu weinen anfing, und begriff erst dann, was der Grund dafür war. Ich näherte mich von hinten dem in sich zusammengesackten, leicht nach rechts geneigten Körper, sah meine Schwester an und brach ebenfalls in Tränen aus, noch immer ohne recht zu verstehen, was vor sich ging. Da trat meine Schwester mit aller Kraft in die Pedale und steuerte hektisch dem Ufer entgegen, während ich laut zu rufen anfing, um die Aufmerksamkeit der Leute am Strand auf uns zu lenken, was jedoch nicht sogleich gelang, wir waren noch zu weit entfernt. Während der nicht enden wollenden Rückkehr zum Strand erlebte ich, wie Angst, Schmerz und Hoffnung in mir zu einem einzigen alles durchdringenden Gefühl verschmolzen, das nur nachempfinden kann, wem es sich schon einmal in seiner tiefen Wahrheit offenbart hat. Als Onkel Albertos langer schwerer Körper endlich, von vielen neugierigen und erschrockenen Badegästen umringt, auf dem Strand lag, löste sich das so neuartige Gefühl, das brannte wie eine von der Sonne entfachte Flamme, wieder in seine Bestandteile auf – die Hoffnung war schon sehr bald erloschen, für die Angst gab es keinen Grund mehr, und so blieb nur ein trocken-kratziger Schmerz übrig. Darüber hinaus habe ich von diesen Augenblicken bloß noch die unsinnige Frage meines Vaters in Erinnerung, was denn geschehen sei, meine Mutter, die neben der Leiche saß, als hätte sie bereits mit der Totenwache begonnen, und meine Schwester, die abseits vom Getümmel allein im Sand stand und sich übergab. So wurde dieser fremde Verwandte noch fremder für uns.

Vergessene Tänze des Künstlers Cervera

1

Ich weiß, es gab da einen Künstler, einen eher kleinen, gelenkigen, hübschen Mann, der als Tänzer auftrat, einen fröhlichen, affektierten Mann mit großen Augen und sehr weißen Händen. Einen Varietékünstler, jawohl, an den sich niemand außer mir erinnert, da bin ich mir sicher, aber nicht, weil ich ihn so gut gekannt hätte oder weil mir der Tanz so gut gefiele – der Tanz, dem er sich widmete, also vor allem der Tango, aber auch auch andere Tänze, mit denen er in Varietés in Barcelona, Paris oder Buenos Aires für Unterhaltung sorgte –, nein, doch das Haus, in dem ich seit ein paar Jahren wohne, hat früher ihm gehört, und in einem Zimmer dieses Hauses, im Obergeschoss – es war auch sein Lieblingszimmer, von dort aus kann man den Hafen und die am Ufer liegenden Schiffe sehen –, sitze ich gerade und schreibe diese wenigen Seiten. Er hieß Carlos Cervera und war der ewige Fremde der Familie, denn keiner seiner Verwandten begriff jemals, was es mit seiner künstlerischen Berufung auf sich hatte, weder vor noch nach seiner langen Karriere, auf der er weit herumkam, und erst recht nicht, während diese Karriere ablief. In dieser Zeit ließ er sich nur wenige Male – er erschien zu mehreren Begräbnissen – auf der Insel blicken, von wo er mit sechzehn geflohen war, um mit dreiundsechzig zurückzukehren – diesmal mit dem Vorsatz zu bleiben, der jedoch letztlich scheitern sollte –, alt und vom Leben gebrochen, aber »stolz und ohne Reue«, wie er offenbar zu sagen pflegte, wenn er seinen altmodischen Schnurrbart stutzte und das geblümte Halstuch zurechtzog, mit dem er sich für den täglichen Spaziergang durch das Hafenviertel feinmachte, in dem er geboren war. Ich kann mich nicht daran erinnern, aber ich weiß, dass er mich kennengelernt und mit mir gesprochen und manchmal sogar gespielt hat: Ich war zwei oder drei Jahre alt, als er beschloss, zurückzukehren und das Haus in Besitz zu nehmen, das ihm als sein Erbe zustand, auch wenn damals immer noch meine Großmutter Nieves darin wohnte, seine Schwester, und das schon seit wenigstens dreißig Jahren, zunächst mit ihrer Tochter, also meiner Mutter, und nach deren Heirat allein. Was diese Rückkehr angeht, weiß ich aber vor allem, dass niemand damit gerechnet hatte, was dazu führte, dass meine Großmutter ins Krankenhaus eingeliefert und mehrere Tage wegen einer ihrer häufigen und heftigen Herzrhythmusstörungen behandelt werden musste, so mitgenommen war sie von der Neuigkeit. Wie man mir außerdem stets erzählt hat, kehrte mein Großonkel vor allem deshalb zurück, weil die Lungenerkrankung, an der er schon seit langem litt, sich verschlimmert hatte und er die letzten Jahre seines Lebens, die, wie er glaubte, angebrochen waren, nicht allein verbringen wollte. Dass er während seiner Abwesenheit kaum je Kontakt zu seiner Schwester gehabt hatte – so sehr er auch immer an sie gedacht und ihr von den entlegensten Orten der Welt Dutzende Postkarten geschickt hatte –, spielte keine Rolle. Er bildete sich ein, sie zu lieben, weil er sie als Kind geliebt und sich von ihr geliebt gefühlt hatte und weil sie die Einzige aus der Familie war, an die er stets liebevoll zurückgedacht hatte, wenn er in der Ferne an Kälte oder Hunger litt oder die Lust am Leben verloren hatte. Und er war der Ansicht, aus eben diesen Gründen müsse auch sie ihn immer noch so hingebungsvoll lieben, wie sie es ihm als Kind stets versichert hatte. In jedem Fall besitze ich tatsächlich mehrere Postkarten, manche schwarz-weiß, andere farbig, die er ihr seinerzeit aus Buenos Aires, Tokio, New York oder Wien schickte, und sie alle beginnen mit den Worten »Liebe Nieves«, um anschließend – mit eigenwillig großen Buchstaben – von erfolgreichen Theater- oder Casinoauftritten zu berichten. Jedes Mal schreibt er dazu, er sei sehr zufrieden, das Publikum applaudiere begeistert, und darauf komme es ja letztlich vor allem an. Meine Großmutter schrieb nie zurück, was ihr Bruder aber auch gar nicht erwartete – er hoffte bloß, seine Eltern würden die Karten ebenfalls lesen und auf diese Weise erfahren, dass ihr Sohn glücklich war, fern von ihnen und von der Welt, in der er aufgewachsen war und wo man ihm schon sehr früh zu verstehen gegeben hatte, dass für so fremde Verwandte wie ihn dort kein Platz war.

Ich weiß auch, dass er, als er seine Rückkehr ankündigte, unmissverständlich den Wunsch äußerte, ja dessen Erfüllung geradezu zur Bedingung machte, dass meine Mutter in dem Haus bleiben solle, in dem sie schon seit so vielen Jahren lebte und das sie eigentlich auch stets als das ihre betrachtet hatte, soll heißen, in eben dem Haus, das schließlich trotz seiner so langen und verwickelten Geschichte auf die natürlichste Weise der Welt meins geworden ist. Sie sollte also mit ihm und seinen tatsächlichen oder eingebildeten Krankheiten, seinen Erinnerungen und all seinen Eigenarten eines Künstlers im Ruhestand zusammenleben, das war sein Wunsch und so geschah es während der folgenden zwei Jahre, bis meine Großmutter einem Herzinfarkt erlag, woraufhin mein Großonkel die Insel verließ und nach Mexiko zurückkehrte, von wo er, wie er zuletzt dachte und sagte, nie hätte wiederkommen sollen. In diesen zwei Jahren geschah außerdem Folgendes: Der Gesundheitszustand meiner Großmutter verschlechterte sich von Tag zu Tag, während es ihrem Bruder immer besser ging, so dass sie nach wenigen Monaten viel älter und kranker wirkte als er. Sie pflegten sich gegenseitig, wobei die unschätzbare Hilfe meiner Mutter nicht vergessen werden darf, die sich um beide kümmerte. Wie auch gesagt werden muss, dass – immer nach Auskunft meiner Mutter – das Zusammenleben meiner Großmutter und ihres Bruders, trotz der gesundheitlichen Probleme und des anfänglichen Unwillens Ersterer, hervorragend klappte und beide wenn auch nicht zu der unbeschwerten Harmonie aus Kindertagen, so doch zu einer ganz neuartigen Freundschaft zurückfanden, bei der das gegenseitige Verständnis und die liebevolle Zuwendung mühelos die alten Vorurteile und Abneigungen überwogen. Was sich vor allem dem heiteren Charakter meines Großonkels verdankte, der stets zu Späßen aufgelegt war, alle möglichen und unmöglichen Dialekte nachahmen konnte und so viele Geschichten zu erzählen hatte, dass sein Gedächtnis ein einziges Abenteuerbuch zu sein schien, so umfangreich, dass ein Leben nicht ausgereicht hätte, um es ganz durchzulesen. Trotz seiner liebenswürdigen Art und der herzlichen Offenheit, die er allen entgegenbrachte, hasste der Künstler Carlos Cervera die Inselbewohner jedoch weiterhin so heftig wie eh und je, an ihrer Ignoranz und Menschenfeindlichkeit, die ihn um das Jahr 1919 in die Flucht getrieben hatten, hatte sich nach seiner Ansicht nichts geändert, unermüdlich klagte er über ihre Unfähigkeit, der Musik oder dem Theater Wertschätzung widerfahren zu lassen, und ihren hartnäckig verstockten und mürrischen Charakter. Die Männer, sagte er, seien hochmütig, dem Alkohol und dem Spiel ergeben, faul und verlogen, den Frauen wiederum gestand er zwar zu, dass sie fleißig seien – irgendwer müsse auf der verfluchten Insel schließlich die Arbeit erledigen –, und dennoch fand er sie missgünstig und frömmlerisch. Die hiesigen Kinder, sagte er ebenfalls und dachte dabei wahrscheinlich an seine eigene Erfahrung, seien den Lastern ihrer Eltern, ihrer Übellaunigkeit und ihren Minderwertigkeitsgefühlen wehrlos ausgeliefert. Und die Lehrer, Ärzte und Pfarrer erwiesen sich als die wichtigsten Helfer der Eltern bei dem, was diese als ihre einzige Aufgabe auf der Welt ansähen – die Kinder zu quälen. Weshalb auf der Insel jederzeit und allerorten körperlich oder geistig missgebildete Kinder anzutreffen seien, wie er selbst während seiner Schulzeit habe feststellen können. Diese traurige Liste sei zudem noch durch das Thema Endogamie zu ergänzen, das sei überhaupt das schlimmste Problem der Insel, es untergrabe die Denkfähigkeit ihrer Bewohner, was auch wissenschaftlich bewiesen sei. Wer von auswärts zugezogen war, fand vor ihm jedoch ebenso wenig Gnade, die Betreffenden, zumeist Beamte oder Soldaten, aber auch Kaufleute und Fischer, waren in seinen Augen ausnahmslos die schwarzen Schafe ihrer Familien, die man zweifellos wegen ihrer dunklen Vergangenheit, Gewalttätigkeit oder Abartigkeit hierher verbannt hatte. Ein echter Künstler, ein empfindsamer Mensch, egal, ob Mann oder Frau, der die Insel nicht beizeiten hinter sich lasse, laufe unweigerlich Gefahr, für immer zerstört oder in ewige Bitterkeit, ja den Selbstmord getrieben zu werden, er selbst habe solche Fälle des Öfteren miterlebt. Vor seiner Schwester und seiner Nichte, also meiner Mutter, sprach er völlig unverblümt über diese Dinge, und auch vor meinem Vater, der von auswärts zugezogen und zudem Beamter war, äußerte er sich so, offenbar nahmen sie ihm das aber niemals übel, was vielleicht an dem so besonderen Witz lag, mit dem der Künstler seine Meinungen kundtat, vielleicht aber auch damit zu tun hatte, dass er ihnen wegen all dem leidtat, was er früher hatte durchmachen müssen und was ihn dazu gebracht hatte, auf unbekannten und schwierigen Wegen fern der Insel sein Glück zu versuchen, nachdem man ihm als jungem Menschen nichts als Unverständnis entgegengebracht hatte.

Die Nacht, in der sich Carlos Cervera, der damals das Seminar besuchte, in eine Soutane gehüllt und mit einem schwarzen Hut auf dem Kopf – in der Hoffnung, auf diese Weise wenigstens bis zum

Ablegen des Schiffes unerkannt zu bleiben – an Bord der *Lulio* begab und von der Insel verschwand, war mindestens einen Monat lang ständiges Gesprächsthema der Stadt. Allerdings erst seitdem seine Eltern in Gestalt eines Briefes Nachricht von dem künftigen Tänzer erhalten hatten, in dem jedes Wort sorgfältig abgewogen, aber auch mit großer Erleichterung niedergeschrieben schien. Bis dahin hatte es geheißen, er sei wahrscheinlich irgendwo bei den in der Nähe der Stadt gelegenen Felsen von Talamanca ertrunken, wo die Schüler und Studenten damals häufig badeten. In jedem Fall gefiel die Geschichte von der Flucht den Leuten viel besser, passte sie doch so gut zu der allen bekannten unbezähmbaren und fremdartigen Persönlichkeit des Verschwundenen. Obwohl seine Eltern diese Möglichkeit von Anfang an in Betracht gezogen hatten, beteiligten sie sich zunächst an der Suche nach ihrem Sohn, beziehungsweise an der Suche nach dessen im Wasser aufgequollener Leiche, die an den Stränden der Südküste und, während der ersten Tage, auch von einem Boot aus durchgeführt wurde, hätte es doch sein können, dass sein toter Körper irgendwo zwischen den kleinen Felseninseln im Wasser trieb. Seinem Vater, einem stämmigen, wortkargen und sehr gläubigen Mann, der als Stauer arbeitete, wäre es, wie mir scheint, lieber gewesen, sein Sohn wäre ertrunken, hätte ihm das doch die Anerkennung der Tatsache erspart, dass dieser sein Zuhause und die Insel verlassen hatte, um in Barcelona Künstler zu werden, also in einer Stadt, deren Boden niemand aus der Familie jemals betreten hatte. Dafür kamen von dort regelmäßig Neuigkeiten und Reisende auf die Insel. Zu Letzteren gehörten Schausteller, deren Ziel die verschiedenen Dorffeste waren, und ganze Ensembles, die im Teatro Pereyra – einem eleganten, Ende des 19. Jahrhunderts errichteten Gebäude, das jedoch aufgrund seines Stils, wie auch weil es durchaus öfter neu hätte gestrichen werden können, schon damals so aus der Zeit gefallen gewirkt haben muss wie heute – ein bunt gemischtes Programm künstlerischer Darbietungen offerierten. Alles, was der junge Carlos Cervera damals übers Singen und Tanzen, wie auch über das sich Verkleiden wusste – wozu er sich bei den abgelegten Sachen seiner Mutter und Großmutter bediente –, hatte er sich von den Mitgliedern dieser skurrilen Truppen abgeschaut, die ein nicht weniger bunt gemischtes Publikum aus Ehepaaren und Priestern, Jugendlichen und hinfälligen Greisen, Soldaten und Fischern in Entzücken versetzten. Daneben tat er sich im Kirchenchor von San Salvador hervor, wo er schon als kleiner Junge so hingebungsvoll als Solist auftrat, dass seiner Familie Sonntag für Sonntag die Tränen übers Gesicht liefen. Und ein solcher Engel war in einem Viertel zur Welt gekommen, das die Insel seit jeher mit Handwerkern aller Art, Hafenarbeitern und Seeleuten versorgt hatte, wo jedoch, vermutlich nicht einmal unter den Frauen, auch nur im Geringsten Platz für so etwas Abseitiges wie Tänzer oder Sänger vorgesehen war. Genauer gesagt, der Beruf des Sängers oder Tänzers war bis dahin noch von keinem einzigen Bewohner Ibizas, egal welcher gesellschaftlichen Schicht, ausgeübt worden, die Künstler, die hier im Theater auftraten, stammten sämtlich aus Barcelona, Valencia oder Mallorca. Wurde doch einmal ein junger Mensch durch deren Aufführungen auf den Gedanken gebracht, sich auf diesem Gebiet zu versuchen, machten die anderen oder er selbst sich sehr bald klar, dass er auf dem Holzweg war. Und dennoch liebten alle jungen und nicht mehr ganz so jungen Leute von hier das Theater, die Varietéabende, Flamencovorführungen und frechen Lieder und strömten begeistert und ohne schlechtes Gewissen ins Pereyra, denn selbst wenn dort tatsächlich die eine oder andere Sünde begangen wurde, dann doch nur durch die von auswärts angereisten Künstler und niemanden sonst, weshalb sogar die Angehörigen des Klerus mit Genuss den langen Vorstellungen beiwohnten, aus denen man nach

Tabakrauch und Schweiß riechend, aber auch von den starken Likören, die an der Theaterbar ausgeschenkt wurden, und der so irdischen Musik angeheitert, wieder herauskam. Seit seinem sechsten oder siebten Lebensjahr besuchte Carlos Cervera, stets mit seiner Familie, die Vorstellungen im Pereyra, und wenn sie anschließend wieder zu Hause waren, ahmte er umgehend all die Tänze und Lieder nach, die er dort zu sehen und zu hören bekommen hatte, was damit verbunden war, dass er ein ums andere Mal den Schrank im Zimmer seiner Eltern auf- und zumachte, um sich umzuziehen, und so verstrich die Zeit, bis man sich endgültig schlafen legte, an diesen alten Sonntagen unter fröhlichem lautem Gelächter.

Der erste Brief des Sohns traf eines Morgens mit dem Schiff aus Barcelona ein und gelangte umgehend in die Hände des Vaters, der ja ebendort, am Hafen, arbeitete. Er öffnete ihn an Ort und Stelle, vor aller Augen, erleichtert und zugleich ungeduldig – er wusste nun, dass der Sohn noch am Leben war, aber er wollte unbedingt die Gründe für dessen Flucht erfahren. Unter den neugierigen, teils mitleidigen, teils zynischen Blicken der Kollegen las er den Brief mehrere Male schweigend durch. Er war nicht besonders lang, drückte sich aber klar und deutlich aus. Meine Mutter kann sich noch daran erinnern, ihn gesehen zu haben, meine Großmutter bewahrte ihn offenbar bei den Postkarten auf, die sie später aus den unterschiedlichsten Teilen der Welt von ihrem Bruder erhalten sollte, und dass er nicht in meine Hände gelangt ist, muss daran liegen, dass mein Großonkel ihn nach seiner Heimkehr an sich nahm und später zu den Sachen tat, mit denen er nach Mexiko zurückreiste, falls er ihn vor seinem endgültigen Verschwinden nicht einfach vernichtet hat. In dem Brief erklärte er mit wenigen Worten, dass es ihm gut gehe und er eine Arbeit als Ladenhilfe in einer Eisenwarenhandlung gefunden habe. Außerdem bat er um Verzeihung und versicherte, dass er sie alle lieb habe, ja sogar ein wenig vermisse, aber nicht heimzukehren gedenke, da er beabsichtige, die Künstlerlaufbahn einzuschlagen, weshalb er auch schon bald Tanz- und Gesangsstunden nehmen werde, wo und bei wem, erläuterte er allerdings nicht. Briefe dieser Art dienen vor allem dem Zweck, ihre Adressaten zu besänftigen, über deren sichere Ungeduld und wahrscheinliche Verärgerung sich der Absender im Klaren ist, der sich zugleich keine übermäßig großen Hoffnungen macht, dass sich seine Absicht erfüllt. Dass der Vater des künftigen Künstlers sich diesem gegenüber wie ein Ungeheuer oder Tyrann benommen hätte, kann man jedoch nicht sagen – so weit ich weiß, jedenfalls. Er war in der Tat ein geradlinig denkender Mensch mit wenigen, aber umso festeren Grundsätzen, zu denen selbstverständlich die Erwartung gehörte, dass sein Sohn eines Tages genau den Beruf ausüben werde, den er selbst genau wie seine Brüder und Nachbarn ausübte. Trotzdem tat er, wenn man so sagen kann, das Seine dafür, dass der Sohn die Priesterlaufbahn einschlug, was womöglich seiner Gläubigkeit und der Sangesfreude seines Sprösslings geschuldet war, den er mit zwölf aufs Seminar schickte, wo sich damals viele gleichaltrige oder ältere Kinder mit oder ohne Berufung tummelten, die fast alle armen Bauernfamilien enstammten und sich in den ersten Schuljahren durch gute Leistungen hervorgetan hatten. Hätte der Sohn dort irgendwann den Wunsch geäußert, Künstler zu werden – was aber ausgeschlossen werden kann –, hätte ihn zweifellos niemand ernst genommen, und hätte er dennoch darauf bestanden, hätte dies nur zu einer für alle Beteiligten schmerzhaften Situation geführt. Stattdessen gab es ein langanhaltendes Schweigen und einsame Grübeleien, leidvolles Sehnen und Zweifeln, bis schließlich der endgültige Beschluss fiel und der große Schritt gewagt wurde. Heute könnten wir uns fragen, warum der Vater, anders gesagt, mein Urgroßvater, über den ich in Wirklichkeit so gut wie nichts weiß – nicht einmal ein Foto von ihm habe ich jemals zu Gesicht bekommen –, nicht das Schiff bestieg, mit dem der Brief eingetroffen war, um sich buchstäblich postwendend auf die Suche nach seinem Sohn zu machen und ihn nach Hause zurückzuholen, ich glaube allerdings, dass das, mit Ausnahme vielleicht seiner Frau, niemand von ihm erwartete, ja, womöglich empfand er schlichtweg keinerlei Bedürfnis danach – auch wenn sie weder Tänzer noch Sänger werden wollten, verließen damals doch viele Söhne in der Hoffnung auf eine bessere oder andere Zukunft die Insel und wurden nie mehr gesehen.

Der Brief erzählte aber nicht alles. Der Verschwundene hatte keinen seiner Mitschüler oder Freunde aus dem Seminar in seine abenteuerlichen Pläne eingeweiht, und doch gab es eine Person, die über alle Einzelheiten Bescheid wusste, und das war ein Tänzer des Antonio-Benítez-Ensembles aus Barcelona, das einige Wochen davor mit riesigem Erfolg im Teatro Pereyra aufgetreten war. Der Künstlername dieses Tänzers war Chinito, und »der kleine Chinese« erwartete den Flüchtling auch bei dessen Ankunft am Hafen von Barcelona, nahm ihn bei sich auf und wurde sein erster Tanzlehrer. Viel ist ansonsten über diesen Chinito nicht bekannt, nur dass Carlos Cervera sich in jeder Hinsicht in sein Ebenbild verwandeln wollte und dass kein anderer Weg dahin führte, als sich in seinen Schüler, Freund und Geliebten zu verwandeln. Sehr viel anders könne es nicht sein, wenn man die Berufung durch Christus erfährt, sagte er sich damals, er selbst hatte allerdings in dieser Hinsicht – im Unterschied zu mehreren seiner Mitschüler, die sich zumindest damit brüsteten – bislang noch nichts Nennenswertes verspürt, obwohl er doch schon seit vier Jahren auf dem Seminar war. Eine wahre Berufung bemächtigt sich des Geistes und Herzens des Betroffenen und kann sich in jedem Alter und unter egal welchen Umständen ereignen; was man dagegen nicht kann, ist, sich ihr entziehen – so hatte man es ihm viele Male erklärt. Er hatte mit Gott darüber gesprochen, allein in der Kirche oder in seinem Zimmer auf dem Boden kniend, und manchmal hatte er seine Zustimmung gespürt, er hatte glauben wollen, dass Gott seine Liebe zur Musik und zum Tanz guthieß. Er wollte Tänzer werden, wie Antonio Benítez, Chinito und all die jungen Männer und Frauen des Ensembles, deren triumphalen Erfolg er mehrere Nächte hintereinander im Pereyra erlebt hatte, aber nicht wegen des Applauses, darum ging es ihm damals noch nicht, Gott wusste das genau, sondern wegen der Freude, die die Gesichter und die schlanken beweglichen Körper und die Stimmen der Tänzer ausstrahlten. Wenn sogar sein Beichtvater Don Francisco ihren Anblick genoss, warum sollte er da nicht den Wunsch verspüren, es ihnen nachzutun, und seinerseits anderen diese Freude spenden? Doch auch Don Francisco gestand er diesen Wunsch nicht, er wusste, dass er bei ihm nicht auf das nötige Verständnis treffen würde, weshalb er es vorzog, sich eines Abends vor Beginn der Veranstaltung Chinito zu nähern, um ihm seine Bewunderung auszudrücken und zu fragen, wie man es zum Tänzer bei einem solchen Ensemble bringen könne. So begann eine Freundschaft, wie er sie sich nicht einmal im Traum vorgestellt hatte, denn der bewunderte Tänzer, der selbst gerade einmal fünfundzwanzig war, hörte ihm nicht nur zu und verstand ihn, er ermunterte ihn auch, seinen Traum zu leben, und stellte ihn sogar eines Abends in einem der winzigen Ankleidezimmer, in denen es nach billigem Parfüm roch, den anderen Tänzern des Ensembles vor, unter ihnen Antonio Benítez, ihren am hellsten leuchtenden und von allen bewunderten und geachteten Stern. So kam es schließlich zu der Idee, sich davonzumachen, erkannte er doch einerseits in aller Deutlichkeit seine Berufung, wie andererseits die Schwierigkeiten, denen er ausgesetzt wäre, wenn er bliebe und seinen Wunsch äußerte, Künstler und nicht Priester zu werden. Zum ersten Mal empfand er Wut und Hass auf seine Landsleute, Mitleid mit seinen Eltern, seiner Großmutter und seiner Schwester, vor allem aber den tiefen Schwindel angesichts seiner Andersartigkeit und die Angst davor, tatsächlich der sein zu wollen, den niemand in ihm vermutet hätte. Umso schneller war der Entschluss gefasst, an dem er nur Chinito teilhaben ließ, der ihm sogleich seine Hilfe anbot, ihm in den schönsten Farben das Bild einer Zukunft voller Freuden und Erfolge malte und in den er sich, ohne es zu wissen, verliebt hatte, noch bevor er von der Insel verschwand.

Das Haus, in dem ich wohne, gehörte früher meiner Ururgroßmutter Antonia, also Carlos Cerveras Großmutter. Sie soll nicht nur ein guter Mensch gewesen sein, sondern auch außergewöhnlich geschickt im Kochen und vor allem im Sticken – als sie im Alter von neunundzwanzig Jahren Witwe wurde, bestritt sie fortan damit den Lebensunterhalt für sich und ihre noch sehr kleine Tochter. Über ihren verstorbenen Mann weiß ich nichts, außer dass er wohl einst das Haus gekauft hatte, um heiraten und eine Familie gründen zu können. Hier starb er, und viele Jahre später auch meine Ururgroßmutter. Zur allgemeinen Überraschung vererbte sie das Haus an meinen Großonkel, also ihren Enkel, der damals singend und tanzend durch die Welt zog, wahrscheinlich war sie der Ansicht, dass er es irgendwann am dringendsten benötigen würde. Da täuschte sie sich, weshalb ihr jedoch keinerlei Vorwurf zu machen ist – der Gedanke wie auch ihre Entscheidung waren richtig. Als sie starb, war ihre einzige Tochter, meine Urgroßmutter Francisca, ebenfalls bereits verwitwet. Das Haus, in dem Francisca mit ihrem verstorbenen Mann gewohnt hatte und jetzt immer noch wohnte – es lag ganz in der Nähe, in derselben Straße des Hafenviertels –, gehörte ihr, weshalb sie keine weitere Unterkunft benötigte. Meine

Großmutter Nieves wiederum, die Schwester des Künstlers, wurde ebenfalls sehr früh Witwe und setzte damit die unselige Familientradition fort, worauf sie, ohne sich mit ihrem Bruder, dem Eigentümer, abzusprechen – ohnehin wusste damals niemand, wo genau er gerade unterwegs war –, zusammen mit ihrer Tochter, also meiner Mutter, in das Haus einzog, um bis zu ihrem Tod dort zu bleiben. Mein Großonkel wohnte seinerseits wie gesagt zwei Jahre darin – Mitte der sechziger Jahre –, so lange, wie er es nach der von ihm zunächst als endgültig betrachteten Heimkehr auf der Insel aushielt. Als er wenig später, erneut in Mexiko, starb, erbte meine Mutter das Haus, und sie schenkte es schließlich mir, nachdem es viele Jahre leergestanden hatte. Trotz einiger unverzichtbarer Umbauten ist es immer noch ein kleines Haus mit niedrigen Decken, das sich jedoch, auch im Inneren, das typische Aussehen bewahrt hat, das den Hafenvierteln der Insel Farbe und Anmut verleiht, weshalb diese auch so gerne von den Touristen fotografiert und auf Ansichtskarten abgebildet werden. Von dem Zimmer aus, in dem ich dies schreibe, auch das wurde bereits gesagt, kann ich den Hafen sehen. Und während ich die ein- und auslaufenden Schiffen beobachte, muss ich manchmal an den fremden Verwandten denken, vor allem an die zwei Jahre, die er in diesem Haus gewohnt hat, zusammen mit meiner Großmutter, und in denen er mich und ich ihn kennenlernte, auch wenn ich mich nicht daran erinnern kann, weil ich, wie ebenfalls schon gesagt wurde, damals erst zwei oder drei Jahre alt war – ich denke an seinen gescheiterten Versuch, als er sein Ende nahe glaubte, die Welt wiederzufinden, die er so viele Jahre zuvor hinter sich gelassen hatte, natürlich in der Hoffnung, dass diese sich in der Zwischenzeit zum Besseren verändert hätte. Er bemühte sich, allen durch sein Aussehen, sein Benehmen wie auch durch seine Gesprächsbeiträge zu verstehen zu geben, dass das Leben sich ihm von seiner schönsten und großzügigsten Seite gezeigt habe – nur zu verdient, natürlich, hatte er doch unermüdlich gegen alle falschen Einschränkungen angekämpft –, und auch, dass er wohlhabend sei – obwohl das in Wirklichkeit nicht in dem Ausmaß zutraf, wie er die anderen gerne vermuten ließ –, dass die weit zurückliegende mutige Tat, durch die der damals Sechzehnjährige sich in die Welt hinausgewagt hatte, sich also keineswegs als vergeblich erwiesen hatte. Jetzt dagegen besuchte er jeden Sonntag die Frühmesse in San Salvador, wohin er als Kind immer mit seiner Familie gegangen war und wo er zudem regelmäßig gesungen hatte. Er nahm am Abendmahl teil, aber dass er auch gebeichtet hätte, hätte niemand bestätigen können. Und selbstverständlich folgte er den Gesängen der Liturgie, falls es welche gab. Gerne kaufte und verschenkte er Blumen. Aus Mexiko hatte er eine reichhaltige Plattensammlung mitgebracht, Tangos, Boleros und romantische Lieder, die er allesamt auswendig kannte und an langen Abenden allein oder in Gesellschaft meiner Großmutter und der einen oder anderen Nachbarin anhörte. Mit ihnen spielte er auch schon bald leidenschaftlich gern Karten oder Mensch ärgere Dich nicht. Manche seiner Freunde aus Kindertagen waren Priester, allerdings in abgelegenen Landgemeinden, weshalb sie sich nur selten sahen. In der Dämmerung spazierte er ausgiebig am Kai entlang, und oft schickte er Briefe und Postkarten an seine mexikanischen Freunde. Nach dem Abendessen las er Zeitung und rauchte bei dieser Gelegenheit die Zigarre, die die Ärzte ihm verboten hatten. Doch in jedem Fall erinnerte sich auf der Insel, in der Stadt, ja selbst in seinem Viertel kaum noch jemand an ihn, weshalb meine Großmutter immer wieder erklären musste, wer dieser so kokette und gesprächige Bruder war, der eines Tages mit einem Koffer voll alter Fotografien bei ihr erschienen war, auf denen er, aufwändig gekleidet, bald mit, bald ohne Tanzpartner posierte und die er, stets signiert, an die Marktverkäuferinnen und Eisdielenkellner verteilte.

2

Chinito hielt Wort und erschien nicht nur pünktlich am Hafen von Barcelona, um den neuen Freund und Künstler in spe in Empfang zu nehmen, der von Bord stieg, wie er an Bord gegangen war, mit unsicheren Schritten und in eine Soutane gehüllt, sondern verwandelte sich auch während der folgenden fünf Jahre in seinen Beschützer und unermüdlichen Begleiter, brachte ihm bei, wie man Rumba, Tango und Flamenco tanzt, sorgte dafür, dass er Gesangsunterricht bekam – bald stellte sich heraus, dass er eine vielversprechende Tenorstimme besaß, die sich nicht nur für liturgische Gesänge eignete –, und half ihm, sich allein oder in Gesellschaft anderer Tänzer ungezwungen auf der Bühne zu bewegen, und selbst der große Antonio Benítez lobte seine schnellen Fortschritte und äußerte den Wunsch, ihn möglichst bald in sein Ensemble aufzunehmen. So wurde Carlos Cervera durch sein Talent und die Unterstützung Chinitos in kurzer Zeit zu dem Künstler, wie er ihn sich in seinen Jugendträumen ausgemalt hatte, gab die Arbeit bei der Eisenwarenhandlung, zu der ihm ebenfalls Chinito verholfen hatte, zwei Jahre nach seiner Ankunft wieder auf und wurde Mitglied der Tanzgruppe von Benítez' Ensemble, das Abend für Abend auf den Bühnen der Avenida del Paralelo auftrat. Damals schrieb er einen zweiten Brief an die Familie, in dem er von seinen Erfolgen berichtete und der mit der gleichen düsteren Verwunderung wie der erste aufgenommen wurde – auf eine Antwort wartete er vergeblich. Was aber keine Rolle spielte, nichts und niemand konnte jetzt noch die Entwicklung aufhalten, die sein Leben genommen hatte, und er dankte Gott, dass er ihm geholfen hatte, seiner wahren Berufung zu folgen und Künstler zu werden. Das

Varieté war seine neue Welt, ein Tempel der Freude, wie er selbst es bezeichnete, und die Schauspieler und Tänzer fungierten darin als heilige Priester, vornehm gekleidet und geschminkt brachten sie die Menschen in Verbindung mit der Sphäre der Kunst. Der einzige Glaubensgrundsatz der neuen Religion, zu der er sich im Teatro Pereyra, auf seiner inzwischen vergessenen Heimatinsel, bekehrt hatte, hieß Lebensfreude, auch wenn, ehrlich gesagt, für die Vertreter dieser Religion nicht alles eitel Freude war – bei den Proben hieß es hart arbeiten, Zeit zum Schlafen blieb kaum und ins Bett ging es für gewöhnlich erst am frühen Morgen, nach langen Nächten, in denen sich das Publikum nicht immer nur freundlich oder aufmerksam zeigte.

Wir wissen, dass er bis 1925 ständig in Barcelona war, an der Seite Chinitos, und in dieser Zeit als Mitglied von Antonio Benítez' Ensemble in allen gefragten Varietés auftrat, über sein Leben abseits der Bühne, sein Privatleben, wenn man so will, sind uns dagegen nur wenige Einzelheiten bekannt, die allerdings auf ein vielfach überschattetes Dasein schließen lassen, wie etwa an einem Vorfall abzulesen ist, der sich eines Abends auf dem Rückweg von einer Aufführung in der Calle Sant Pau zugetragen haben soll. Der junge Künstler, der offenbar Frauenkleider trug, wurde dabei von einer Gruppe betrunkener Matrosen, die ihm entgegenkamen – vielleicht hatten sie ihm auch aufgelauert –, so schlimm verprügelt, dass er sich von den Folgen mindestens zwei Wochen lang im Krankenhaus erholen musste. Bei anderer Gelegenheit sah er sich dem Vorwurf ausgesetzt, am Verschwinden einiger bestickter Umhängetücher aus dem Ankleidezimmer des berühmten Tänzers Eldorado beteiligt gewesen zu sein. Zuletzt wurde jedoch ein anderes Ensemblemitglied der Tat überführt, angezeigt und selbstverständlich aus Antonio Benítez' Truppe verstoßen. Und noch etwas, zweifellos sehr viel Bedeutsameres geschah: 1925 starb Chinito an einer Überdosis Morphium. Diese und eine Handvoll weiterer Einzelheiten, die wir in Erfahrung bringen konnten, ergeben ein ziemlich löchriges Bild, das mehr verbirgt, als es offenbaren könnte, weshalb es kein einfaches Unterfangen ist, sich eine Vorstellung davon zu machen, was das Herz unseres fremden Verwandten damals bewegt haben mag, oder wenigstens ein ungefähres Bild seiner Bestrebungen, Zweifel und einsamen Überlegungen zu bekommen. Chinitos Tod muss in jedem Fall einen Wendepunkt im Schicksal des jungen Künstlers bezeichnet haben, hing er doch in so vieler Hinsicht von ihm ab, vor allem natürlich, was sein Gefühlsleben betrifft, vielleicht sorgten die durch diesen Tod bewirkten Veränderungen aber auch für den Beginn eines neuen Weges und damit für Vorteile, in deren Genuss er andernfalls womöglich nie gekommen wäre. In jedem Fall begegnet Carlos Cervera uns nur ein Jahr später, im Mai 1926, unter dem neuen Künstlernamen *Angelito* – so, als »kleinen Engel«, bezeichnete ihn offenbar sein unglücklich geendeter Freund und Gefährte –, und als solcher trat er damals in einem Madrider Varieté an der Seite einer hoch aufgeschossenen Tänzerin aus Aragón auf, die sich Primavera nannte – »Frühling« –, große schwarze Augen hatte, ihm aus Barcelona bekannt gewesen sein muss und unter uns ansonsten unbekannten Umständen mit ihm zu einem neuen künstlerischen Abenteuer aufbrach, das ihn durch die ganze Welt führen sollte.

Primavera und Angelito hatten ein reichhaltiges Repertoire spanischer Tänze im Programm und bildeten, wie die zeitgenössische Presse schrieb, »ein anmutiges Paar, das sich in seiner prächtigen Garderobe überaus geschickt auf der Bühne in Stellung zu bringen versteht«. Die Auftritte in Madrid waren offensichtlich ein Riesenerfolg, bescherten sie den beiden in der Folge doch eine Vielzahl von Engagements vor allem im Ausland, schließlich besaß das, was in den Ankündigungen damals als *danza española* bezeichnet wurde – in Wirklichkeit ein bunter Mischmasch aus Flamenco, Rumbas, Tangos und Jotas, begleitet von kaum je aussetzendem Kastagnettengeklapper und gespreizten Tanzschritten –, eine ungeheure Anziehungskraft bei einem Publikum, das alles Spanische, gerade weil es so ausgefallen daherkam, mit großem Wohlwollen aufnahm. Von Madrid ging es gleich im Sommer 1926 nach Lyon, wo die beiden, von der Lokalpresse gefeiert, die insbesondere von ihren Kostümen angetan war, drei Wochen im Zirkus der Gebrüder Cellini auftraten. Die nächsten Stationen hießen Rouen, Aix-en-Provence, Rodez, Toulouse, Dijon, Rennes … Anfang 1927 war das Paar immer noch in Frankreich, zog von Stadt zu Stadt, trat bald im Zirkus, bald im Theater auf, und schaffte es zuletzt in den berühmten Pariser *Cirque d'hiver*, von wo der Applaus, wenn auch stumm, in Gestalt von Postkarten und Zeitungsausschnitten, bis zur kleinen Geburtsinsel Carlos Cerveras drang – die in seiner Vorstellung immer kleiner wurde –, Postkarten und Zeitungsausschnitte, die seine Schwester, also meine Großmutter, ein ums andere Mal betrachtete, ohne recht zu wissen, ob sie sich darüber freuen sollte oder nicht, um sie anschließend in einer Schrankschublade aufzubewahren. Nach nicht ganz einem Jahr war die Frankreich-Tournee zu Ende und das Paar kehrte nach Barcelona zurück, um dort auf neue Auslandsengagements zu warten. Auch in den Theatern an der Avenida del Paralelo war ihr Tanzprogramm unterdessen ein, wenn auch längst nicht so enthusiastisch gefeierter, Erfolg. Im Frühjahr 1927 starb der Vater des Künstlers, also mein Urgroßvater, woraufhin seine Schwester – die damals bereits mit meiner Mutter schwanger war, während ihr Mann, der Ingenieur-Leutnant, in der Sahara stationiert war – ein Telegramm an die einzige ihr bekannte Adresse ihres Bruders schickte, und zwar die von Chinito, wo mittlerweile zwei andere Mitglieder von Antonio Benítez' Ensemble wohnten, durch die Carlos Cervera noch am selben Tag erfuhr, dass sein Vater einem Herzinfarkt erlegen war. Weder zur Trauerfeier noch zum Begräbnis schaffte er es rechtzeitig, schließlich gab es damals keine tägliche Schiffsverbindung auf die Insel, abgesehen davon, dass in solchen Fällen für gewöhnlich auf niemanden gewartet wurde. So schloss der fremde Verwandte also erst drei Tage danach – zum ersten Mal seit fast acht Jahren und fremder denn je – seine Mutter, Schwester und Großmutter in die Arme, um dann auf den Friedhof zu gehen und an den folgenden Tagen an den noch ausstehenden Gedenkmessen zu Ehren des Verstorbenen teilzunehmen. Die Kirche war bei diesen Gelegenheiten jedes Mal randvoll, da alle den wieder aufgetauchten Künstler sehen wollten, dessen Erscheinung einen lebhaften Eindruck hinterlassen haben muss, war sie doch noch Jahre später allgemeiner Gesprächsgegenstand. Nach Aussage meiner Mutter – die wiedergab, was ihre Mutter ihr erzählt hatte – freute die Familie sich sehr über das Wiedersehen, hätte es allerdings sicherlich vorgezogen, wenn der Heimkehrer an diesen Tagen nicht mit geschminkten Augen auf die Straße gegangen wäre. Die Männer aus der Nachbarschaft sahen ihm starr ins Gesicht, während sie ihm ihr Beileid ausdrückten, und nur die Frauen wagten es, ihn auch zu umarmen. Im Lauf der vier oder fünf Tage, die er damals im elterlichen Haus verbrachte, wo er auch zur Welt gekommen war, sorgte seine Anwesenheit dafür, dass die Frauen, die seit seinem Verschwinden nie aufgehört hatten, an ihn zu denken und sich Sorgen um ihn zu machen, trotz aller Betrübnis neuen Mut fassten. Zu diesem Zeitpunkt – oder vielmehr, nachdem ihr Enkel mehr oder weniger ausführlich sein abenteuerliches Dasein geschildert hatte – muss auch seine Großmutter, die nur eineinhalb Jahre später sterben sollte, insgeheim den Beschluss gefasst haben, ihm und niemandem sonst ihr Haus zu vererben. Ebenso sicher müssen sie, aller Trauer zum Trotz, in diesen Tagen viel über die Erlebnisse gelacht haben, die Carlos ihnen schilderte, der sich jetzt ja auch, oder vor allem, Angelito nennen ließ – gelacht im geheimen Einverständnis von Frauen, die nicht nur ständig beisammen, sondern auch in der Lage waren, den Taten und dem Leben der anderen auf bessere Weise gerecht zu werden. Als der Künstler sich eines Abends anschickte, ihnen eine kleine Auswahl aus seinem Programm darzubieten, und sich zu diesem Zweck mithilfe seiner Schwester und seiner Großmutter bereits umgezogen hatte, sagte seine Mutter jedoch, jetzt, wo der Leichnam ihres Mannes noch warm im Grab liege, könne sie ein solches Spektakel bei sich zu Hause keinesfalls zulassen, weshalb an diesem Abend weder getanzt noch gesungen wurde, was die drei Frauen aber nicht daran hinderte, nach dem Abendessen mit leuchtenden Augen bis nach Mitternacht den wunderbaren Beschreibungen der Stadt Paris und ihrer berühmten Varietés aus dem Mund des Künstlers zu lauschen.

In den folgenden Jahren tanzten Primavera und Angelito in London, Wien, Mailand, Athen und Budapest. Aus all diesen Städten gibt es Postkarten und vergilbte Zeitungsausschnitte, die in unterschiedlichen Sprachen von den anmutigen Bewegungen und unvergesslichen Kostümen des spanischen Paares berichten. Im Zirkus und im Theater, in allen möglichen Varietés, ja sogar auf Dorfplätzen – die *danza española* mit ihren hektischen Gebärden, ihrem rhythmischen Absatzgeklapper und ihrer fremdartigen Eleganz, die damals inner- wie außerhalb Spaniens in Mode war, reiste mit den beiden durch Europa und feierte Erfolg um Erfolg. Am längsten hielten sie sich offenbar in Wien auf – an die zwei Jahre –, und dort lernte Carlos Cervera auch Deutsch, das er, immer nach Auskunft meiner Mutter, perfekt beherrschte. Als er fast vierzig Jahre später auf die

Insel zurückkehrte, hörte man ihn allerdings ebenso fließend – sei es bei Telefonaten mit Freunden oder Bekannten, sei es bei Unterhaltungen mit Touristen, deren Zahl damals stetig zunahm – Englisch, Französisch oder Italienisch sprechen. Primavera und Angelito liebten es offensichtlich gleichermaßen, in den Kleidern des anderen Geschlechts aufzutreten, was vom überraschten Publikum jedes Mal begeistert aufgenommen wurde und den beiden umso leichter fiel, als sie nahezu die gleiche Körper- und damit auch Kleidergröße besaßen. Der Kostümtausch entwickelte sich schließlich zu einer ihrer größten Attraktionen. Auch Lieder nahmen sie schon bald in ihr Programm auf, sicherlich vor allem, um die Erwartung des Publikums zu befriedigen, und obwohl keiner von beiden über eine herausragende Stimme verfügte – die von Carlos blieb ein ewiges Versprechen –, gelang es ihnen offenbar, deren Schwäche durch ihre angeborene und ganz und gar natürliche Anmut auszugleichen, wofür sie umso größeren Beifall ernteten. Angelito sang gefühlvoll Tangos wie *No te quiero más*, *Un viejo amor*, *Buenos Aires* und *Langosta* – »Ich liebe dich nicht mehr«, »Eine alte Liebe«, »Heuschrecke« –, Primavera wiederum tat sich vor allem mit den Liedern *La violetera* und *El relicario* hervor – »Das Mädchen mit den Veilchen« und »Das Reliquiar« –, die damals von der großen Raquel Meller in den besten Theatern der Welt vorgetragen wurden. So sangen und tanzten die zwei sich bis mindestens Anfang 1930 durch Europa, bald an besseren, bald an weniger feinen Orten, bald mit großem, bald mit nicht ganz so überwältigendem Erfolg, glücklich über ihr Künstlerdasein und zugleich voller Sehnsucht nach der Heimat, bis sie schließlich einer seltsamen Einladung nach Bombay folgten, wo sie bei einem Fest des Maharadscha von Kapurthala auftreten sollten. Während der Darbietung, die sie noch ganz erschöpft von der Anreise begannen, sank der sie auf allen Tourneen begleitende Gitarrist, ein gewisser Pedro Hidalgo, plötzlich infolge eines Hirnschlags zu Boden. Hier muss ich etwas hinzufügen, was mein Vater mit seinem so eigenwilligen Sinn für Humor mir in Bezug auf diesen tragischen Auftritt in Indien erzählt hat – er selbst wusste es natürlich von Carlos Cervera, der es ihm erzählte, als sie einmal nach einem sonntäglichen Essen noch lange beisammen saßen. Demnach brach der Gitarrist genau in dem Augenblick zusammen, in dem Primavera an der Stelle aus »Das Reliquiar« angekommen war, wo es heißt: »Kaum hatte der Torero zugestoßen, sank er verletzt in den Sand, und mit brechendem Auge blickt' er zu mir hinauf …« Der Tod des Gitarristen war keine Fiktion, und das Fest wurde ohne die Spanier fortgesetzt, die Pedro Hidalgo auf dem katholischen Friedhof von Bombay beisetzten und die Rückreise nach Barcelona antraten. Aus Gründen, die ich nicht habe herausfinden können, trennte das Künstlerpaar sich gleich nach Abschluss seiner langen Rundreise durch Europa – und deren grausigem indischem Finale –, woraufhin jeder für sich seine Karriere fortsetzte. Primavera, die sich bald darauf Ascensión Palacio nennen ließ, was offenbar ihr richtiger Name war, fing, wie wir wissen, im *Petit Moulin Rouge* an – so hieß das Barceloneser Varieté *El Molino* bis zur Francozeit. Eine ihrer Mitstreiterinnen dort war die berühmte Bella Dorita. Primavera alias Ascensión blieb Teil des Ensembles, bis sie 1936, wenige Wochen vor Ausbruch des Bürgerkriegs, an Tuberkulose starb. Ich besitze zwei Fotos von ihr, auf beiden ist sie, gertenschlank, mit langen Ohrgehängen, Armbändern und glitzerndem Kopfschmuck, an der Seite unseres Künstlers zu sehen, auf dem einen zudem im Flamencokostüm, auf dem anderen als orientalische Tänzerin mit entblößtem Bauch. Angelito wiederum, der diesen Namen ebenfalls ablegen sollte, ist einmal mit und einmal ohne Hut abgebildet und in beiden Fällen wirklich atemberaubend elegant gekleidet, mit Halstuch, Schärpe, blumenbestickter Weste und Cape. Während Ascensión im *Petit Moulin*

Rouge auftrat, tat er das Gleiche in Varietés wie dem *Arnau* oder dem *Rigat*, bis er 1932 nach Madrid übersiedelte, wo er die Gelegenheit nutzte, seine Künste im *Kursaal Central* und im *Salón Chantecler*, beide an der Plaza del Carmen, darzubieten.

Im *Kursaal* muss mein Großonkel, der sich seit seiner Ankunft in Madrid Aurelio nannte, die berühmte Sängerin und Tänzerin La Argentinita kennengelernt haben, die sich damals auf dem Höhepunkt ihres Erfolgs befand, wie man so sagt, was vor allem ihrer neuartigen Choreografie des Stücks *Las calles de Cádiz* – »Die Straßen von Cádiz« – geschuldet war, das ihr Liebhaber, der nicht weniger berühmte Stierkämpfer Ignacio Sánchez Mejías, geschrieben hatte. Er lernte jedoch nicht nur La Argentinita kennen, sondern auch ihre Mitstreiter aus der Welt des Flamenco wie etwa Fernanda Antúnez oder Rafael Ortega. Carlos Cervera alias Aurelio muss von dieser so besonderen Welt überaus angetan gewesen sein, sowohl was deren künstlerische Darbietungen anging als auch deren einzelne Vertreter, soll heißen, die ganze *troupe* von Freunden aus dem Umkreis der Tänzer und Musiker, die diesen kaum je von der Seite wich, sei es im Theater, sei es in den entsprechenden Kneipen und Lokalen. Zu ihnen zählte kein Geringerer als Federico García Lorca, der auch einige Lieder aus dem erwähnten Stück verfasst hatte. Unser fremder Verwandter behauptete, ihn gekannt zu haben. Darüber hinaus muss er ihn aufs Höchste bewundert haben, trug er doch, nach Ausage meiner Eltern, die es gesehen haben, stets ein Foto mit einer Widmung des Dichters in seiner Brieftasche mit sich herum, wie er auch Lorcas berühmte Elegie *Llanto por la muerte de Ignacio Sánchez Mejías* auswendig kannte und gelegentlich voller Inbrunst – und, nach Ansicht meines Vaters, mit ein wenig lächerlich und gespreizt wirkenden Gebärden – vortrug. *Wie* er es in dieses berühmte Ensemble schaffte, wissen wir allerdings nicht genau, ja wir wissen nicht einmal, wann genau ihm dies gelang, uns ist bloß bekannt, dass La Argentinita 1934 nach dem tragischen Tod ihres Geliebten in der Stierkampfarena von Manzanares beschloss, Spanien zu verlassen und mit ihrem Ensemble nach Amerika zu gehen, und dass Carlos Cervera als einfaches Mitglied der Tanzgruppe mit von der Partie war. Von da an trafen wieder regelmäßig Postkarten aus der Ferne auf seiner Insel ein, diesmal aus Argentinien, Chile, Panama, Mexiko und den USA, Postkarten, die meine Großmutter, die damals bereits verwitwet war, wie schon zuvor las, um sie gleich darauf in der Schublade verschwinden zu lassen. Vor allem Postkarten aus Buenos Aires, wo La Argentinita geboren war – ihre Eltern, die ebenfalls Künstler waren, stammten jedoch aus Spanien – und wo ihr eigenwilliger Stil und ihre Flamenco-Choreografien so gut ankamen wie vielleicht nirgends sonst, weshalb das Ensemble fast ein ganzes Jahr dort blieb. Für Aurelio muss das eine glückliche Zeit gewesen sein, nicht nur, weil seine Postkarten das verkündeten – die wenigen, die noch davon übrig sind, tun das mit ihrer sorgfältigen Schrift bis heute –, sondern auch weil er dieses Mal, anders als bei seinen Reisen durch Europa in Begleitung Primaveras, bei denen die Dinge zeitweilig ein wenig holprig und dem Zufall überlassen verlaufen waren, mit einem angesehenen Ensemble unterwegs war, das, nicht nur in Madrid, die Aufmerksamkeit vieler Intellektueller auf sich zog – ohne deshalb etwas von seiner außergewöhnlichen Volkstümlichkeit zu verlieren – und stets in großen Häusern gastierte, obgleich ihm, Aurelio, dabei bloß eine untergeordnete Rolle zufiel, die weit davon entfernt war, seinen Ehrgeiz zu befriedigen, sieht es doch ganz danach aus, dass er seinerzeit nur im letzten Augenblick und infolge einer Notlage gewissermaßen als Nachrücker unter Vertrag genommen wurde, wenn auch hierüber wie über viele andere Dinge, die ihn betreffen, keineswegs völlige Klarheit besteht. Ich muss zugeben, dass in meiner Familie von diesem fremden Verwandten stets mit einer Bewunderung gesprochen wurde, die irgendwann unweigerlich in Ironie, wenn nicht Sarkasmus überging, wenngleich es manchmal auch genau umgekehrt verlief. In jedem Fall kann man wohl sagen, dass wir alle, auch die, die ihn nicht genauer kennengelernt hatten, bei dem Gedanken an ihn ein etwas herablassendes Lächeln aufzusetzen pflegten, das Anerkennung, aber doch nie wirklichen Stolz ausdrückte – und soweit ich weiß, wurde niemals behauptet, dass ich ihm in irgendeiner Weise ähnlich sei, wohingegen ich mich sehr wohl erinnern kann, gelegentlich ermahnt worden zu sein, ihm keinesfalls ähnlich zu werden. Von Buenos Aires ging die Reise weiter nach Santiago de Chile, wo man sich offenbar nicht allzu lange aufhielt, und anschließend nach Panama, Mexiko und zuletzt New York, wo La Argentinita, wie man zeitgenössischen Berichten spanischer wie auch amerikanischer Tageszeitungen entnehmen kann, mit ihrer Flamenco-Vorstellung einen unvergleichlichen Triumph feierte. Auch Postkarten mit Hochhäusern und sich unendlich lang hinziehenden Straßen haben sich bei uns zu Hause erhalten, ebenso ein Foto des fremden Verwandten, auf dem er an der Seite der großen Künstlerin zu sehen ist. Es trägt beider Unterschrift und eine Widmung für meine Großmutter. Im Frühjahr 1936 kehrte das Ensemble nach Spanien zurück, um nach der langen Amerikatournee eine Pause einzulegen. Mein Großonkel war damals dreiunddreißig und beschloss, seiner Insel einen Besuch abzustatten, den zweiten seit seiner Flucht im Jahr 1919. Was er nicht wusste, war, dass er auch dieses Mal an einem Begräbnis teilnehmen würde. Er hätte in jedem Fall keinen passenderen Moment für seinen Überraschungsbesuch wählen können, war seine Mutter zu diesem Zeitpunkt doch schwer erkrankt. So konnte er sie während ihrer letzten Tage begleiten und von ihr Abschied nehmen, während er ihr von seinem Amerikaabenteuer berichtete und seine Lieblingslieder vorsang. Wenige Tage nach der Beerdigung, bei der er, offenbar auf sein eigenes Drängen hin und mit zitternder Stimme, Schuberts *Ave Maria* vortrug, bestieg er erneut das Schiff nach Valencia, um von dort im Zug nach Madrid zu fahren, wo das Ensemble der Argentinita mit den Proben zu einem neuen Programm beginnen sollte, wozu es jedoch nicht mehr kam, da die Mitglieder der Truppe bei Ausbruch des Bürgerkrieges in alle vier Himmelsrichtungen zerstreut wurden, angefangen bei ihrer berühmten Anführerin, die zunächst nach Marokko und später in die USA ging, wo sie 1945 einem Magenkrebs erliegen sollte.

Auch der Künstler Carlos Cervera verließ Spanien. Im Sommer 1936 reiste er nach Mexiko, wo er sich offenbar während der Tournee im Jahr davor mit einem gewissen Rodrigo angefreundet hatte, der ein Antiquitätengeschäft betrieb, und was zunächst wohl nur als vorläufige Zuflucht gedacht war, verwandelte sich in ein neues Zuhause und Heimatland. Viele Postkarten aus dieser Zeit gibt es nicht, wir wissen jedoch, dass unser fremder Verwandter noch mehrere Jahre auf der Bühne tätig war, zu Beginn als zweiter Tänzer eines Ensembles spanischer Emigranten, später mit seiner eigenen Truppe, mit der er wenigstens einmal nach Tokio fuhr, von wo er wiederum ziemlich exotische Postkarten sowie ein Foto schickte, auf dem er in Begleitung eines etwas älteren, großen Mannes mit dunklem Teint zu sehen ist, bei dem es sich zweifellos um Rodrigo handelt. Über sein Leben in Mexiko an der Seite des Antiquitätenhändlers habe ich ansonsten kaum etwas herausfinden können, aber gerade deshalb stelle ich mir gerne vor, dass es ohne größere Aufregungen, ja womöglich friedvoll und glücklich verlaufen ist. Um 1945 zog er sich endgültig von der Bühne zurück. Damals war er zweiundvierzig, und was sein Abenteuer als Leiter eines eigenen Ensembles betrifft, muss man angesichts von dessen kurzer Dauer wohl annehmen, dass es nicht allzu erfolgreich verlaufen ist. Seitdem schrieb er meiner Großmutter jedes Jahr zu ihrem Geburtstag am 22. Juni. So hat es mir meine Mutter erzählt, die die Glückwunschbriefe seinerzeit gesehen und gelesen hat, erhalten ist allerdings keiner davon, und beantwortet hat meine Großmutter sie wohl nicht immer. Dafür weiß ich, dass sie, die auch meine Patin war, kurz nach meiner Geburt darauf bestand, sich mit mir im Arm fotografieren zu lassen, um das Bild gleich darauf ihrem Bruder zu schicken. Die Sendung erreichte ihn offenbar auch, eine Antwort gab es jedoch nicht. Erst im nächsten Geburtstagsbrief, der einige Monate später, im Juni, eintraf, waren dann ein paar Zeilen enthalten, in denen er zur Geburt des Enkels gratulierte. Weder unser fremder Verwandter noch meine Großmutter hätten sich damals wohl träumen lassen, dass sie schon zwei Jahre später wieder zusammentreffen würden. Der eigentliche Auslöser für die Rückkehr muss Rodrigos Tod, in meinem Geburtsjahr, gewesen sein, verbunden mit einem plötzlichen heftigen Heimweh, das, so wie Carlos Cerveras Leben bisher verlaufen war, schwer nachzuvollziehen ist. Richtig ist allerdings, dass er an einem Lungenleiden litt, obwohl dieses längst nicht so gravierend war, wie er annahm und immer wieder behauptete – offenbar führte er es bei seiner Ankunft als einzigen Grund für seinen Entschluss, zurückzukehren, an. Einsam, traurig und krank, stieg unser fremder Verwandter so fremd von Bord, wie er seit jeher gewesen war, und umso fester entschlossen, die letzten Lebenstage in seiner Heimatstadt und im Kreis seiner Familie zu verbringen. Als er sich jedoch in körperlicher wie seelischer Hinsicht erholt hatte und andererseits seine Schwester, meine Großmutter, gestorben war, sah er, wie hier bereits erklärt worden ist, keinerlei Grund mehr, seinen Aufenthalt auf der Insel fortzusetzen. Obwohl Ibiza sich inzwischen stark verändert hatte, ja durch die vielen Künstler und Touristen geradezu weltoffen und kosmopolitisch geworden war, fühlte er sich zu alt, um an dieser ungewohnten Umgebung teilzuhaben, und es fiel ihm schwer, neue Beziehungen zu knüpfen. Isoliert auf der eigenen Insel und sich weder mit den einen noch den anderen wohlfühlend, sehnte er sich nach Mexiko zurück, wo er schließlich fast sein halbes Leben zugebracht hatte und immer noch von einer Handvoll Freunden, die ihn schätzten, erinnert und erwartet wurde.

Ich weiß, dass ich dabei war, als wir ihn am Hafen verabschiedeten, meine Erinnerungen sind jedoch die von anderen, auch wenn ich manchmal den Eindruck habe, die Bilder, die ich vor mir sehe, seien nicht ererbt, sondern tatsächlich meinem Gedächtnis entsprungen. Vor meinen Augen steigt Onkel Carlos also die Gangway der *Ciudad de Valencia* hinauf, wie immer perfekt gekleidet und mit einem Panamahut auf dem Kopf, einem Korb am Arm und einer großen Sonnenbrille auf der Nase. Seine Koffer hat man schon auf die Kabine gebracht. Und bevor er, oben angekommen, im Inneren des Schiffes verschwindet, dreht er sich noch einmal um, winkt – ganz wie ein Unterhaltungskünstler, der seinem geliebten Publikum gegenübersteht – und haucht uns einen letzten Kuss zu. Das ist alles, anschließend ist da nur noch das auslaufende Schiff, doch jetzt ist es bereits dunkel und nur der schwache Lichtschein der Laternen erhellt den Kai.

Zwei Jahre nach diesem Abschied erhielten meine Eltern einen Brief aus Mexiko, in dem ihnen mitgeteilt wurde, dass Carlos Cervera beim Besuch einer Flamencovorstellung einen Herzinfarkt erlitten habe und drei Tage später im Hospital de la Virgen de la Luz verstorben sei. Der Absender, ein gewisser Enrique Gómez, teilte außerdem mit, dass er »einem gelegentlich von Carlos geäußerten Wunsch folgend« ein Foto beifüge, auf dem der Verschiedene auf seinem Sterbebett im Krankenhaus zu sehen sei. Dieses Foto ist zugleich der letzte Gruß des fremden Verwandten aus der Ferne, und ich bewahre es bis heute mit all seinen Briefen und Karten bei mir auf.

Das Grab von Major Chico

1

Wie man mir immer wieder erzählt hat, machte Major Ramón Chico, der damals vielleicht noch gar kein Major war, am frühen Morgen des 18. Juli 1936 bei sich zu Hause in der Calle Bravo Murillo in Madrid seine Yogaübungen. So hielt er es schon seit mehreren Jahren. Bei meinem Versuch, mich diesem fremden Verwandten zu nähern, dessen Schatten im Leben meines Vaters stets so gegenwärtig war – und solange mein Vater lebte, auch in meinem, wenngleich natürlich auf andere Weise und in weniger klar umrissener Gestalt –, greife ich einmal mehr auf dieses erste, gelassen-orientalische Bild zurück, das unweigerlich heraufbeschworen wurde, sobald ich in meiner Jugend bei häuslichen Unterhaltungen nach unserem Onkel Ramón fragte. So bedeutsam es ist, wird dieses ferne Bild dennoch für immer unscharf bleiben müssen, weiß ich doch weder, wie die Wohnung beschaffen war, die er damals mit seiner Frau Rosario bewohnte, noch in welcher Kleidung er beispielsweise seine geistigen Übungen absolvierte. Was sein Aussehen angeht, muss ich mich mit dem begnügen, was ich den drei Fotos entnehmen kann, die ich von ihm besitze. Demnach war er weder klein noch groß – für heutige Maßstäbe wäre er allerdings klein –, nicht besonders kräftig, hatte sehr feines, nicht allzu dichtes schwarzes Haar und eine große Nase. Ins rechte Auge hatte er ein Monokel geklemmt. Nur auf einem der drei Fotos – es ist das älteste und trägt das Datum 1914 – ist er in Uniform zu sehen, am Kinn und an den Wangen ist der Bart sorgfältig gestutzt, der schmale Schnauzer an den Seiten hochgezwirbelt. Ich versuche also, mir vorzustellen, wie dieser Ramón Chico – niemanden bewunderte und vermisste mein Vater so sehr wie ihn – am Morgen jenes 18. Juli, der sein Leben in jeder Hinsicht verändern sollte, auf seinen eigenen Körper konzentriert – oder in diesen verstrickt – und mit völlig entleertem Bewusstsein und entblößtem Herzen auf einem möglicherweise persischen oder türkischen Teppich sitzt. Ich versuche, die ihn umgebende Stille wahrzunehmen, in die warme Atmosphäre seiner Abgeschiedenheit einzutauchen. Ein unmögliches Unterfangen, versteht sich, ist all das doch nicht nur viel zu weit entfernt – um an diesen Ort, zu diesem Zeitpunkt zu gelangen, mich diesem Körper und diesem Bewusstsein nähern zu können, müsste ich zunächst in die Erinnerungen meines Vaters eindringen, dunkle Stollen, in denen hier und da Gespenster auftauchen, die sich bei meinem Erscheinen sogleich wieder zurückziehen. Ich stoße dort aber auch auf alle möglichen alten Wörter – die sich manchmal zu Sentenzen oder Orakelsprüchen aneinanderzureihen scheinen – und auf zusammenhanglose, deshalb aber um nichts weniger leuchtende Momente eines Lebens, das zwar in weiter Ferne verlief und trotzdem stets von Belang war, auf die Erinnerung an einen Mann also, den ich nie gesehen und mit dem ich nie gesprochen habe, oder vielmehr auf den bloßen Schatten einer Erinnerung, einen Schatten, der, so verwischt er war, doch allezeit wie eine heilige Flamme sein Licht auf unsere Familie zu werfen schien. Dieser ruhige Mann, der 1936 im fünfundvierzigsten Lebensjahr stand, kannte die stürmische Wut des Krieges allerdings nur zu genau, schließlich war er als junger Pilot der spanischen Luftwaffe 1921 über den Strand von Sidi Driss, das Tal des Oued Laou, die Bucht von Al-Hocëima und die Dächer von Annual geflogen, und alles, was er dabei, den Wolken so nahe, gelernt hatte, hatte mit Gehorsam, Schmerz und Tod zu tun. An Bord eines jener scheinbar zerbrechlichen Kampfflugzeuge den Himmel Afrikas durchquerend dürfte er sich bald angewöhnt haben, die Welt als ein in schwarzen Rauch gehülltes blutiges Schauspiel zu betrachten. Weshalb ihm fünfzehn Jahre später bei der Nachricht vom Militärputsch sofort klar war, dass »ein Kampf auf Leben und Tod« begonnen hatte, wie seine damaligen Worte lauteten, an die man sich allezeit erinnern sollte – eine knappe Botschaft an die Familie, die nichts beschönigte und die Dinge mit hellsichtiger Gelassenheit auf den Punkt brachte. Und seine Familie glaubte ihm, war er doch der allseits bewunderte Ehemann, Bruder und Onkel, ein Mensch, dem man vertrauen konnte und von dem man, wo auch immer und unter egal welchen Umständen, alles erwartete – der Beschützer seiner kranken Frau, vier schon älterer unverheirateter wehleidiger und ein wenig frömmlerischer Schwestern, noch einer Schwester, der jüngsten – meiner Großmutter –, die damals bereits verwitwet war, und seines verwaisten Neffen – meines Vaters. Was kann ich heute, in diesem Augenblick, über jenen Mann sagen, wie soll ich ein Bild von ihm entwerfen, das allen gerecht wird, zuallererst ihm, aber auch denen, die sich auf ihn stützten und heute längst tot und begraben und ganz und gar vergessen sind oder bald sein werden?

Keine Biografie, mag sie noch so kurz sein, ist frei von Labyrinthen – wer sie betritt, läuft Gefahr, nie mehr herauszufinden. (Trotzdem blühen in diesen dunklen und unübersichtlichen Regionen fast immer die schönsten endemischen Pflanzen, Unikate, wie wir sie uns als Wissenschaftler oder Sammler nur erträumen können.) Wie auch jede Biografie damit beginnt, dass man sich auf die Suche macht – auf die Suche nach dem Ausgang aus einem Labyrinth. Wenn es darum geht, das Leben eines Fremden zu rekonstruieren – mag dieser uns noch so fern oder nah gewesen sein und mögen noch so viele Bluts- oder Freundschaftsbande zu ihm bestanden haben –, sollte die Suche nicht bei den Erinnerungen beginnen – die womöglich gar nicht mehr vorhanden oder stark verwischt sind –, sondern bei den Spuren, soll heißen: den Wunden und Narben, die sehr wohl noch wahrzunehmen sind. Fangen wir also mit einigen dieser Spuren an. Dass meinem Vater, der sich, so empfindsam er war, für gewöhnlich nicht die geringste Regung anmerken ließ, plötzlich die Tränen in den Augen standen, habe ich, soweit ich mich erinnere, nur ein einziges Mal erlebt, und zwar bei der erneuten Lektüre eines Bündels alter Briefe, die im Lauf der Jahre aus Lisle-sur-Tarn bei uns eingetroffen waren, einem winzigen Dorf in der Nähe von Albi, nach dem ich auf der Landkarte jedes Mal lange suchen muss – Ramón Chico hatte, durch die Umstände gezwungen, während seines trostlosen Exils bis zu seinem Tod dort gelebt. Ich war damals ein Kind und erfuhr an demselben traurigen Tag, dem 16. Februar 1970, an dem er früh am Morgen gestorben war, zum ersten Mal von der Existenz dieses Großonkels. Die Erinnerung an die väterlichen Tränen und die traurige Stimmung während der folgenden Monate hilft mir bei der Entschlüsselung der Geschichte des geliebten Onkels, und nur von der unerwarteten Trostlosigkeit und den plötzlich sichtbaren Wunden im Antlitz meines Vaters ausgehend, deren tiefe Bedeutung so offenkundig wie zum allergrößten Teil für mich unerreichbar war, fühle ich mich imstande, das Wenige zu Papier zu bringen, was ich über diesen fremden Verwandten habe herausfinden können. Nachdem mein Vater mir zum ersten Mal von seinem Onkel Ramón erzählt hatte, dauerte es mindestens ein Jahr, bis ich ihn erneut auf diesen ansprach – da ich damals noch ein Kind war, brachte ich die Gestalt des Majors zweifellos mit der Bitterkeit meines Vaters in Verbindung, die ich lieber nicht wieder heraufbeschwören wollte, auch wenn ich sie niemals vergaß. Jahre später folgten dann die –

nie geradlinigen – Berichte über sein Leben, Bruchstücke aus unterschiedlichen Epochen, vor allem aber aus der einzigen Zeit, zu der mein Vater ihm sehr nahe gestanden und ihn gut kennen- und bewundern gelernt hatte, soll heißen, aus den dreißiger Jahren des vergangenen Jahrhunderts.

Major Ramón Chico war offensichtlich kein typischer Soldat, aber vielleicht bilde ich mir das auch nur ein, weil die gewöhnliche Vorstellung und die ererbte Bewunderung es nahelegen. Um Klarheit hierüber zu erlangen, müsste man in jedem Fall der Frage nachgehen, ob alle spanischen Offiziere – oder wenigstens die, die wie er in der Hauptstadt stationiert waren und eine Stelle im Kriegsministerium hatten – damals regelmäßig Yogaübungen machten, anders gesagt: ob das zu der Zeit allgemeiner Brauch war, eine – moderne, flüchtige – Mode aus den Jahren der Republik. Dann müsste man aber auch untersuchen, ob dieselben Leute ebenfalls Vegetarier und Kenner der Theosophie waren, war unser Onkel Ramón doch ein überzeugter und fortgeschrittener Schüler beider Disziplinen, oder ob ihnen die Vogelkunde so sehr am Herzen lag, dass sie wie er ganze Wochenenden in den Bergen verbrachten, um den Anblick des ersten Würgerpärchens des Sommers zu erhaschen, ob sie Schopenhauer und Bergson lasen – vielleicht nicht unbedingt mit großem Genuss, aber wenigstens doch mit lebhaftem Interesse – und ob sie gerne an gelehrten Vorträgen und Gesprächsrunden teilnahmen. Vor allem aber, ob sie zu all dem imstande waren, ohne dass sich der Soldat in ihnen dagegen auflehnte. Ehrlich gesagt, ich weiß es nicht und ich habe auch nicht vor, es herauszufinden, für den Augenblick spielt es jedenfalls keine Rolle, ob Ramón Chico innerhalb dieser buntgemischten und unergründbaren Truppe eine Ausnahme darstellte oder nicht. Wahrscheinlich doch, möchte man meinen, obwohl ich ihn mir andererseits keineswegs völlig isoliert vorstellen kann, schließlich war er ein Mensch, der die Gesellschaft anderer schätzte – ja, soweit ich weiß, ganz außerordentlich schätzte – und sich gerne mit Freunden oder Bekannten über seine Ansichten und Vorlieben austauschte. Davon abgesehen, haben die damaligen Soldaten, wie auch immer sie gewesen sein mögen, seinerzeit ihren Krieg geführt – das wissen wir genau –, sich gegenseitig umgebracht und für eine Katastrophe gesorgt, von der wir bis heute sprechen und schreiben, als hätte sie sich erst gestern zugetragen. Wie diese Leute tatsächlich waren, werden wir dagegen nie wissen, kein Mensch hat es bis jetzt herausgefunden, kein Buch war imstande, es zu erklären. Weshalb Major Chico für mich stets vor allem der Onkel meines Vaters war und immer noch ist und dazu einer der fremden Verwandten, deren Leben und machtvolle Abwesenheit sich in regelmäßigen Abständen bei uns zu Hause bemerkbar machten. Dass wir die Erinnerung an ihn heraufbeschwörten, konnte unterschiedliche Gründe haben, zumeist ging es um seine moralische Integrität und seinen Idealismus, auch wenn er sich durch Letzteren offenbar nicht selten zu allen möglichen Irrtümern hinreißen ließ. Diesen Eindruck gewann ich wenigstens, als ich ein Jugendlicher war, für den die Welt Sicherheit ausstrahlte und sich von ihrer freundlichen Seite zeigte – Ramón Chico war da bereits tot, doch jedes Mal wenn wir im Lauf des Jahres aus einem besonderen Anlass nach Tisch noch länger beieinander saßen, kam irgendwann unweigerlich die Rede auf ihn. Auch die seltsamen Tätigkeiten und Leidenschaften, die seinen Alltag prägten, konnten Anlass dafür sein, dass wir uns seiner erinnerten, obgleich niemand aus der Familie, weder damals noch später, ihm in dieser Hinsicht folgen sollte, schließlich hat keiner von uns jemals ein besonderes Interesse für Vogelkunde, Theosophie oder eine vegetarische Lebensweise an den Tag gelegt. Ja, nicht einmal für die Republik – genau genommen hat nichts von dem, was für Major Chico wichtig war, in unserem Leben eine Rolle gespielt, so sehr wir ihn immer für alles, was er getan und gesagt hat, bewunderten. Wenn von ihm die Rede war, dann immer als von einer Ausnahmegestalt, deren Besonderheit und Einzigartigkeit zugegebenermaßen stets noch zunahm – irgendwann war er, wenn man so will, der fremdeste aller fremden Verwandten unserer Familie, die seit dem Ende des Bürgerkriegs bestrebt war, jede Art von Fremdartigkeit zu vermeiden und durch den Franquismus erfolgreich in eine angepasste und durchaus wohlhabende Familie verwandelt wurde, die von den meisten anderen nicht mehr zu unterscheiden war. Übrig geblieben war jedoch Onkel Ramón, der fern von allen und allem wie ein lebendig Begrabener in einem kleinen Dorf in Südwestfrankreich vor sich hin vegetierte und als Relikt des schändlichen Bruderkriegs von seiner Schwester – meiner Großmutter – und seinem Neffen – meinem Vater – bis ans Ende seiner Tage in höchsten Ehren gehalten wurde. Nur ein einziges Mal besuchten sie ihn dort – ich war damals noch nicht geboren. In unseren Unterhaltungen wich mein Vater diesem Thema jedes Mal aus. Offensichtlich herrschte während des gesamten Besuchs tiefe Trauerstimmung, und doch hatte der Onkel die Hoffnung auf Rückkehr nach Spanien wohl noch nicht aufgegeben, ja, er nahm tatsächlich an, Franco werde über kurz oder lang sterben, woraufhin die Anhänger der Republik in aller Ruhe würden heimkehren und die frühere Ordnung wiederherstellen können, als wäre nichts gewesen. Wie alle anderen wussten meine Großmutter und mein Vater zu diesem Zeitpunkt – wir sprechen von der Mitte der fünfziger Jahre – längst, dass Franco keineswegs vorhatte, sich so bald von der Welt zu verabschieden, jedenfalls sicherlich nicht bevor Ramón Chico und alle anderen, die die zweite und so unglücklich geendete Republik noch lebhaft im Gedächtnis hatten, dies täten. Wie ich sehr wohl weiß, brachten sie es aber nicht über sich, ihm dies klarzumachen. Stattdessen ließen sie ihn mit seinem unbestechlichen Idealismus und seinen unerfüllbaren Zukunftsvorhaben bei der Abreise an der Seite seiner damals noch kranken Frau für immer zurück. Anschließend gab es bloß noch eine lange Abfolge von Briefen, in denen man sich jedes Mal beiderseits nur das Allerbeste wünschte.

Ramón Chico, Major der republikanischen Armee und Spanier im Exil. Über diese Zeit in Frankreich habe ich oft nachgedacht und hatte dabei das Bild meines Onkels als eines gealterten und geschwächten Mannes vor mir – das sich so sehr von dem unterscheidet, das am Beginn dieser Erzählung steht und das ich während meiner Jugend stets vorgezogen habe –, das Bild eines Mannes, der sich noch immer ein wenig Gerechtigkeit von der Welt erhoffte, und das, nachdem er verbannt und seiner Heimat, Familie und Freunde beraubt worden war, nachdem er, wie so viele Exilanten, in den französischen Flüchtlingslagern schlimmstes Leid hatte erleben müssen und dazu die Gleichgültigkeit, ja Verachtung all dessen, was ihm heilig und unantastbar gewesen war, und zuletzt das Vergessen. Eben das hatte mein Vater gesehen, als er den geliebten und schmerzlich vermissten Onkel 1956 in Lisle-sur-Tarn besuchte, weshalb er später weder mit mir noch mit sonst jemandem darüber sprechen wollte – einen Mann, der nur noch wie aus weiter Ferne an den Mann erinnerte, den er einst so sehr bewundert hatte, einen Mann, der alles verloren hatte und nur noch eine einzige, sinnlose Hoffnung hegte. Die ihn jedoch offensichtlich trotz allem am Leben hielt. Ob er immer noch Yoga machte? Mein Vater konnte mir die Frage nicht beantworten, er wusste es nicht.

Seinerzeit habe ich nicht alle Fragen gestellt, die ich hätte stellen sollen, und jetzt ist niemand mehr da, den ich fragen könnte, alle sind tot, und ich bin der Einzige, der sich noch an Ramón Chico erinnert, ich, der ich ihn nicht einmal persönlich gekannt habe, und alles, was von ihm erhalten ist, sind eine Handvoll alte, zum Teil unleserliche Briefe und drei stark beschädigte Fotos, auf denen er, stets sehr ernst dreinblickend, allein oder an der Seite einer seiner unverheirateten Schwestern zu sehen ist. Außerdem ein Buch, das ihm gehörte und das mein Vater nicht nur aufbewahrte, sondern auch vielfach nutzbringend verwendete – behauptete er wenigstens –, und das später von ihm an mich überging. Das zerfledderte und angegilbte Exemplar hat in meinem Arbeitszimmer einen besonderen Platz, neben anderen Erinnerungsstücken aus der Geschichte meiner Familie, aber nicht, weil es besonders alt ist – es erschien im Jahr 1925 – oder Onkel Ramón gehört hat – ich weiß bloß nicht, welchem Buch aus meiner kleinen Bibliothek ich es an die Seite stellen könnte. Es heißt *Manual del enfermo* – »Krankenhandbuch« –, und sein Verfasser ist ein gewisser Eduardo Alfonso, Doktor der Naturheilkunde. Außerdem hat es zweifellos den längsten Untertitel, den ich je gesehen habe: »Kurze und praktische Darstellung einfacher und wirksamer therapeutischer und hygienischer Maßnahmen zur Behandlung der unterschiedlichsten Krankheitssymptome für den Fall, dass kein Arzt vorhanden ist oder sich sein Eintreffen verzögert, wie auch für Notlagen.« Über dem Titel und dem Untertitel ist noch Platz für ein wiederum keineswegs kurzes, dafür aber in kleineren Buchstaben gesetztes Zitat eines gewissen Dr. L. Corral. Es lautet so: »Eine recht begriffene und entschlossen zur Anwendung gebrachte Naturheilkunde hat die Medizin schon mehrfach vor dem sicheren Untergang bewahrt, der ihr innerhalb der bestehenden Systeme gewiss schien.« Was aber immer noch nicht alles ist, hat sich doch in der unteren Hälfte der Titelseite zusätzlich Platz für eine esoterische Darstellung gefunden – es handelt sich um ein Dreieck, das ein zweites, wesentlich kleineres und auf dem Kopf stehendes Dreieck in sich birgt. In der Spitze des großen Dreiecks steht das Wort Glaube, in den unteren zwei Winkeln liest man Vernunft und Gefühl. Auf der Basis wiederum steht Schönheit und entlang den Schenkeln Wahrheit und Güte. Auch dem inneren, auf dem Kopf stehenden Dreieck sind eigene Worte zugewiesen: Wissenschaft, Kunst und Religion. Zu guter Letzt sind auch noch der Name und die Adresse des Verlags auf der Vorderseite angegeben: Editorial Pueyo, Arenal, 6, Madrid. Beim Öffnen des Buches stoßen wir auf die folgende handschriftliche Widmung Doktor Alfonsos: »Meinem Freund Ramón Chico, der um die Wohltaten des richtigen Weges und die Geheimnisse der Gesundheit weiß.« Das Vorwort stammt von dem mir ebenfalls unbekannten J. Pérez Sicilia, der in groben Strichen ein Porträt des Autors entwirft: »Doktor Alfonso ist ein gelassener, sorgfältig abwägender und anregender Geist. Dieser hochentwickelte und erlesene Denker verzichtet auf jeden verletzenden Sarkasmus und macht niemals Gebrauch von ärgerlich bilderstürmerischer Hetze. Umsichtig prägt er das Gefühl mit dem diamantenen Stempel der Weisheit …« Gelesen habe ich dieses Buch nie – wenn auch manchmal darin geblättert –, in jedem Fall ist es, wie der Titel ankündigt, ein Handbuch zur naturheilkundlichen Behandlung allgemein verbreiteter Krankheiten. Über Doktor Alfonso habe ich außerdem meinen Vater des Öfteren erzählen hören, er erinnerte sich noch genau an ihn, vor allem aber an seine Kinder, die ungefähr so alt wie er waren, und an von beiden Familien gemeinsam unternommene Ausflüge unter Führung Onkel Ramóns in die bei Madrid gelegene Sierra del Guadarrama und Bergdörfer wie Navalafuente, Manzanares el Real oder Guadalix de la Sierra. Bei einer dieser Wanderungen – es muss 1933 oder 1934 gewesen sein – verirrte mein Vater sich und suchte zuletzt in einer der sagenumwobenen Höhlen Zuflucht, die einst dem romantischen Räuber Luis Candelas als Unterschlupf gedient hatten. Er wurde erst am nächsten Tag gefunden, und zwar von Doktor Alfonso und einem seiner Söhne. Mein Vater hat mir zweifellos noch mehr Anekdoten aus der Zeit dieser Familienausflüge erzählt, leider habe ich sie aber fast alle vergessen. Ich weiß jedoch noch, dass ich als Kind – später nie wieder – mehrere Male mit meinen Eltern, meiner Schwester und meiner Großmutter in eben dieser Gegend unterwegs war, was bei meinem Vater – und meiner Großmutter – nostalgische Gefühle geweckt haben muss, auch wenn ich das damals nicht wissen konnte. In Manzanares el Real, das weiß ich noch, badeten wir in einem der großen natürlichen Becken, die der Fluss dort bildet, und aßen anschließend in einer der alten Bars der Ortschaft. Am besten erinnere ich mich jedoch an die beeindruckende Burg. Für Ramón Chico spielte dieser Ort außerdem wegen einer seiner spirituellen Unternehmungen eine wichtige Rolle, wie ich ebenfalls weiß, obwohl mein Vater, soweit ich mich erinnere, nie darüber gesprochen hat – die Errichtung der sogenannten Casa del Filófoso, des »Philosophenhauses«.

Was Ramón Chicos intellektuelle Neigungen angeht, so verfüge ich diesbezüglich nur über knappe und unvollständige Informationen wie etwa, dass er sich an der Madrider Universidad Complutense in Philosophie einschrieb, das Studium jedoch nicht beenden konnte, und dass er gleichzeitig eine Ausbildung absolvierte, die ihm eine militärische Laufbahn ermöglichte. Begonnen hat er das Studium demnach im Jahr 1907, als seine Familie nach Madrid zog, in eine Wohnung in der Calle Galileo, und zwar ausdrücklich, damit die beiden jüngsten Kinder, Ramón und Asunción – meine spätere Großmutter –, an der Universität studieren konnten. Bis dahin hatte die Familie in Albacete gelebt, wo die Mutter, meine Urgroßmutter Olalla, als Lehrerin gearbeitet hatte, und ihr Mann, mein Urgroßvater Jorge, bis zu seiner Pensionierung Hauptmann der Guardia Civil und Seifenfabrikant gewesen war. Ich nehme an, dass Urgroßmutter Olalla eine Menge mit Ramóns Interesse an der Philosophie zu tun hatte, weiß ich von ihr doch, dass sie, offenbar unter Pseudonym, eine Handvoll Artikel über deutsche Philosophen veröffentlichte, dass sie als einzige Frau ihres Jahrgangs an der Universität von Alcalá de Henares Literatur studierte und dass sie mit den Schriftstellerinnen Carolina Coronado und Rosalía de Castro korrespondierte, die sie auch persönlich kennengelernt haben soll – die Briefe sind nicht erhalten. Klar scheint auch, dass es nicht einfach gewesen sein kann, diese Interessen und ihre Aufgaben als Lehrerin und Mutter von sechs Kindern unter einen Hut zu bekommen. Dass sie ihren Sohn – der ihr einziger männlicher Nachkomme und zudem der Benjamin der Familie war – anbetete und ihn mit sämtlichen ihr zur Verfügung stehenden Mitteln für die Welt der Bildung und des Intellekts zu begeistern versuchte, die ihr über allem anderen zu stehen schien, weiß ich ebenfalls, und doch wollte Ramón schon von frühauf Soldat werden, was zweifellos dem väterlichen Einfluss geschuldet war, ihn andererseits aber nicht daran hinderte, sein Interesse an der Welt der Bücher und Ideen beizubehalten. Ja, nachdem ihm anfangs die militärische Laufbahn wichtiger als die Philosophie war, drehte sich das Verhältnis später, nach seiner Teilnahme an dem Krieg in Afrika, offensichtlich um, obwohl er nie so weit gegangen wäre, dass er jene für diese hätte aufgeben wollen – er scheint sich vielmehr, vor wie nach dem afrikanischen Krieg, stets darum bemüht zu haben, ein guter Soldat zu sein. Wie er das abgebrochene Philosophiestudium auch nicht wieder aufnehmen sollte. Dafür näherte er sich damals dem Kreis um Doktor Eduardo Alfonso und dessen angewandter Naturphilosophie an, was ihn innerhalb weniger Jahre zur vegetarischen Lebensweise, zum Yoga und schließlich zur Theosophie führen sollte. Ramón Chicos große Entdeckung dieser Zeit war jedenfalls die Philosophie der Natur oder mehr noch die Natur selbst, wie sich beispielhaft an seinem damals erwachten leidenschaftlichen Interesse an der Welt der Vögel zeigt, wobei wir annehmen dürfen, dass die schrecklichen Kriegserfahrungen eine wichtige Rolle bei dieser Entwicklung spielten. Die Bibliothek des Madrider Kulturvereins *Ateneo* wurde zu seinem zweiten Wohnsitz. Dazu kamen die von dem Philosophen Roso de Luna geleiteten Gesprächsabende, bei denen dieser voller Begeisterung seine Gedanken zu Gott und der Welt darlegte. Häufiger Gast dieser Treffen war neben anderen Intellektuellen und Künstlern der Schriftsteller Ramón del Valle-Inclán, der einige Jahre davor ein Buch mit dem Titel *La lámpara maravillosa* – »Die Wunderlampe« – veröffentlicht hatte, in dem er seine enge Verbindung zur Theosophie offenbarte. Ehrlich gesagt hatte die Philosophie, so wie Ramón Chico sie in der Universität kennengelernt hatte, nur wenig, wenn nicht gar nichts mit derjenigen zu tun, die nun einen Großteil seiner Zeit ausfüllte, obgleich selbstverständlich grundlegende Verbindungen zwischen beiden bestanden und sie sich gegenseitig befruchteten, wie ihn sein Freund Doktor Eduardo Alfonso außerdem darüber belehrte, dass alle Philosophie nur dann bis in die letzte Konsequenz als solche betrachtet werden konnte, wenn man sie als dauernde Übung verstand, die im täglichen Leben umzusetzen war. Als einem von Natur aus – wie auch durch den militärischen Drill – stets methodisch und entschlossen vorgehenden Menschen dürfte es unserem Onkel nicht allzu schwer gefallen sein, sich diese neue philosophische Lebensweise zu eigen zu machen.

1928 riefen Eduardo Alfonso und Mario Roso de Luna in Madrid die sogenannte *Schola Philosophicae Initiationis* ins Leben. Die Gründungsurkunde verfassten sie in dem berühmten Café Gijón, wo sie sich mit Schülern und Freunden, unter ihnen auch unser

Onkel Ramón Chico, zu treffen pflegten. Die feierliche Unterzeichnung des Dokuments hätte jedoch ebenso gut im *Ateneo* vollzogen werden können, da alle Anwesenden zu den Stammgästen des Kulturvereins zählten und häufig in der dortigen Bibliothek anzutreffen waren, wo sie dieselbe Art von Büchern zu Rate zogen. Die neue Schule, die sich die Einführung in die Lehren der Theosophie zum Ziel gesetzt hatte, war in gewissem Sinn auch als Antwort auf bestimmte Abweichungstendenzen von der Lehre der spanischen theosophischen Gesellschaft zu verstehen. Doktor Alfonso und mehr noch Roso de Luna – der als Erster die Werke der Madame Blavatsky ins Spanische übersetzte – spielten zu diesem Zeitpunkt innerhalb der theosophischen Bewegung eine gewichtige Rolle und hatten eine Vielzahl von Werken veröffentlicht, weshalb der Vorgang empörte Reaktionen und Streitgespräche auf höchster Ebene hervorrief. Roso de Luna war nicht nur Theosoph, sondern ebenfalls Freimaurer und Astronom. Als Letzterer war er auch als *El Mago Rojo de Logrosán* – »Der rote Zauberer von Logrosán« – bekannt und entdeckte einen Kometen, der bis heute seinen Namen trägt. Von ihm stammte zudem die Idee, für die *Schola Philosophicae Initiationis* in Manzanares el Real ein Wohn- und Studienzentrum zu errichten, das schon bald den ebenfalls bereits erwähnten Namen Casa del Filófoso erhielt. Finanziert wurde der Bau von Lehrern und Schülern zu gleichen Teilen beziehungsweise »durch brüderlichen Zusammenschluss einer Handvoll Persönlichkeiten«, wie Doktor Alfonso es formulierte. Jeder von ihnen übernahm dabei die Kosten für sein eigenes Zimmer. Auch Ramón Chico hatte in dem 1930 eröffneten Haus seine eigene Studier- und Meditierkammer, was er dort tat, dachte und vielleicht auch niederschrieb, ist mir allerdings so schleierhaft wie alles, wofür man sich dort begeisterte und leidenschaftlich stritt. Ich weiß nur, dass die Einzuweihenden ein dreistufiges Studium zu absolvieren hatten – zunächst Hygiene und Moral, dann Wissenschaft und Naturkunde, zuletzt Psychologie und Philosophie. Mein Vater legte mir gegenüber großen Wert darauf, dass sein Onkel nie Freimaurer gewesen sei. Andernfalls, sagte er dazu, hätte er höchstwahrscheinlich als Exilant durch entsprechende Empfehlungen eine gute Arbeit in Mexiko finden können, woraus wiederum folgt – immer vorausgesetzt, dies war tatsächlich so und nicht bloß eine freie Erfindung meines Vaters, galt das Freimaurertum damals doch noch als etwas Anstößiges –, dass man offenbar nicht Mitglied der Freimaurer zu sein brauchte, um in diese Philosophenschule aufgenommen zu werden. Doktor Eduardo Alfonso, der tatsächlich Freimaurer war, wurde schon bald zum alleinigen Leiter der theosophischen Gesellschaft wie auch der Casa del Filósofo, da Mario Roso de Luna, der sich diese Ämter bis dahin mit ihm geteilt hatte, 1931 mit neunundsechzig Jahren im Ruch theosophischer Heiligkeit verstarb. Die letzten Worte, die er an seinen ärztlichen Freund richtete, der ihn bis ans Ende nach allen Regeln der Naturheilkunst umsorgte, lauteten: »Setzt mein Werk fort …! Übertrefft es!« Was natürlich leichter gesagt als getan war, selbst – oder gerade – in dem Augenblick, in dem man sich von der Welt der Lebenden verabschiedet. In jedem Fall standen den spanischen Anhängern der Theosophie damals noch viele Prüfungen bevor, in denen sie sich selbst übertreffen mussten, sollten der Bürgerkrieg und der Nationalkatholizismus doch schon bald egal welcher abweichenden und noch so geheimen Lehre oder Religion, um nicht zu sagen allem Denken hierzulande ein Ende bereiten. So wurde etwa Doktor Alfonso selbst bei Kriegsende unter Berufung auf das »Gesetz zur Verfolgung von Freimaurertum und Kommunismus« angeklagt und zu einer sechsjährigen Haft verurteilt. Nachdem er diese im Gefängnis von Burgos abgesessen hatte, brach er zu einem langen und gewundenen Weg als Exilant durch verschiedene Länder Lateinamerikas auf, wo er seine naturheilkundliche Arbeit fortsetzte, stets in der Überzeugung, die er in dem Buch zum Ausdruck bringt, das von unserem Onkel Ramón schließlich auf mich übergegangen ist, dass der Mensch nicht stirbt, »ist der Tod doch nur ein großer Gang nach innen, eine endgültige Selbstwerdung, ein sich Lösen von allem, was uns umgibt.«

Doktor Eduardo Alfonso und die *Schola Philosophicae Initiationis* in der Sierra del Guadarrama – wo ein ständiger Austausch mit der Natur möglich war – und folglich auch – als eine der bereits erwähnten »Handvoll Persönlichkeiten«, die sie ins Leben gerufen hatten – unser fremder Verwandter Ramón Chico, der damals vierzig Jahre alt war, setzten die Arbeit ihres Meisters Roso de Luna bis 1936 fort, indem sie sich mit Leib und Seele für die Verteidigung der wahren theosophischen Lehre einsetzten, die, wie Doktor Alfonso im Juli 1930 in der Zeitschrift *El Loto Blanco* – »Die weiße Lotusblume« – geschrieben hatte, »von Ammonios Sakkas begründet und Helena Petrovna Blavatsky verbreitet worden ist« und zuallererst auf der »Freiheit des Denkens« beruht, wie auch der wahre Theosoph »allezeit über den Religionen stehen muss, ist es doch unmöglich, in vergleichender Weise über etwas forschen und urteilen zu wollen, das man als wahre Lehre betrachtet, der man kultische Verehrung entgegenbringt und deren Infragestellung einem sündig erscheint.« Die diesen republikanischen Freigeistern und Liebhabern der Natur und ihrer geheimen Gesetze unmittelbar bevorstehende Zukunft sollte sich als gleichermaßen düster erweisen wie die derjenigen, die als dezidierte Rationalisten keinerlei Glauben anhingen, sich aber auch nicht für die Theosophie interessierten – sie alle erwartete dasselbe Verhängnis: das Ende des Denkens. Während der Republik, sagte mein Vater gelegentlich – und gab dabei wieder, was mein Onkel in einem seiner Briefe aus Lisle-sur-Tarn geschrieben hatte –, waren so viele Ideen in Umlauf, dass keine Zeit blieb, sie angemessen zu verarbeiten, die Republik war eine fruchtbare Epoche für unruhige Geister und zugleich Anlass zur Verzweiflung für alle, die die Einförmigkeit lieben. Der Krieg, wie mein Vater – wiederum Major Chico zitierend – ebenfalls sagte, ist stets ein Chaos, das von denjenigen hervorgerufen wird, die die Ordnung über alles lieben und eben zu dem Zweck, die Ordnung wiederherzustellen, das Chaos hervorrufen. Das wichtigste Ziel der Ordnung wiederum ist es, die Ideen abzuwürgen und dem freien Denken ein Ende zu setzen. Für totalitäre Staaten und Denker, sagte mein Vater – erneut unter Berufung auf unseren Onkel Ramón –, kann die Demokratie gar nicht anders verstanden werden denn als unerträglicher Lärm und bedrohliches Durcheinander. Doch Leben ist nicht gleich Ordnung, auf die das Chaos folgt – oder Chaos, auf das die Ordnung folgt –, Leben ist Gleichzeitigkeit von Ordnung und Chaos, Stille und Lärm, nur so kann sich das Leben auf dieser Welt behaupten und fortschreiten und sich seinem Ziel, der heiligen Harmonie, nähern, sagte mein Vater und hob dabei die Worte hervor, die er den Briefen seines Onkels entnommen hatte, und auf die gleiche Weise ist auch die höchste Liebe ein Ausdruck von Chaos und Ordnung, wie die Liebe überhaupt diejenige Kraft ist, die alles hervorbringt, und das Grundgesetz alles Natürlichen. Während unserer Republik, stand ebenfalls in einem der Briefe – die Stelle hatte sich meinem Vater wegen ihrer großen Ausdruckskraft eingeprägt –, während unserer Republik gab es mehr Ideen als vernünftige Köpfe, die sie hätten aufnehmen und entwickeln können. Wie dort auch stand, dass das Scheitern der Republik in letzter Konsequenz ein Scheitern der Liebe gewesen war. Auf diesen Satz griff mein Vater jedes Mal gerne zurück, wenn er zeigen wollte – *mir* zeigen wollte, sprach er doch, so weit ich weiß, einzig und allein mit mir über die Briefe unseres fremden

Verwandten –, welches Ausmaß die Güte unseres Onkels – beziehungsweise seine Einfalt, wie mein Vater zweifellos eigentlich hätte sagen wollen – annehmen konnte, woran sich jedes Mal unweigerlich ein Ausruf anschloss, der auch ein halbes Jahrhundert nach den Ereignissen, auf die er sich bezog, die gleiche und ehrliche Verwunderung zum Ausdruck brachte: »Und wenn man dann bedenkt, dass diesem Mann während des Kriegs eines der größten Munitionslager in ganz Spanien unterstellt war und dass er unter der Regierung Negrín wichtige Aufgaben im Ministerium übernahm!« Ich weiß allerdings bis heute nicht, ob mein Vater sich damit nur auf die so seltsame und eigenwillige Persönlichkeit Ramón Chicos bezog oder im weiteren Sinne auch auf die möglichen Gründe dafür, dass – mit Soldaten wie ihm – der Krieg verloren worden war.

2

Bevor der Tarn südlich von Toulouse in die Garonne mündet, versorgt er die fruchtbaren Ebenen gleich vier französischer Départements mit Wasser. In Lozère entspringend, nimmt er unauffällig, still, ja fast unsichtbar seinen Lauf und durchquert dabei majestätisch die alten Städte Albi und Montauban wie auch hübsche Orte wie Lisle-sur-Tarn, die seit ihrer Gründung als mittelalterliche Wehrdörfer nicht gewachsen zu sein scheinen. Zu beiden Seiten seines Bettes breiten sich weite Sonnenblumen-, Weizen- und Maisfelder aus, große Weingüter, über schier endlose grüne und gelbe, sanft gewellte Flächen, die von zahlreichen kleinen, gut geteerten Landstraßen durchzogen sind, auf denen man genüsslich langsam dahinfahren kann, eine einfache Freude, die einen alles andere vergessen oder selbst dem Vergessen anheimfallen lässt. Und doch geht es jetzt ums Erinnern, schließlich bin ich gekommen, um nicht zu vergessen, hierher, in diese Erinnerungslandschaft, wie man auch sagen könnte, wo tausende spanischer Exilanten bis zu ihrem Tod gelebt haben, immer in der Hoffnung, eines Tages in ihr Land, ihre Stadt, ihr Dorf zurückkehren und dort wieder sein zu können, was sie früher einmal waren, aber von einem bestimmten Augenblick an nicht mehr sein konnten. Gekommen, um die Erinnerung an Major Ramón Chico wachzurufen, an den sich außer mir niemand erinnert. Dreißig Jahre lebte er an den Ufern des Tarn und bearbeitete die von diesem befeuchtete Erde, zunächst als Bauer, später als Verwalter bescheidener Landgüter. Der einsam zwischen Toulouse und Albi gelegene kleine Ort Lisle-sur-Tarn scheint die gewünschte touristische Bestimmung, wie die Départementsverwaltung sie sich für ihn und ähnliche Orte in der Umgebung wie Cordes-sur-Ciel, Gaillac oder Puycelsi seit einigen Jahren erhofft und fördert, noch nicht erlangt zu haben. Fast alle diese Orte können mit der einen oder anderen geschichtlichen oder landschaftlichen Besonderheit aufwarten, und doch fehlt ihnen, im Vergleich betrachtet, die Heiterkeit der Provence, die Anmut der Alpenregion oder die Eleganz der Bretagne. Es ist ihnen noch nicht gelungen, sich ganz vom Geruch nach Kühen und Viehfutter freizumachen, obwohl auch hier immer weniger Tiere egal welcher Art zu sehen sind, eigentlich nur noch Katzen, während ihre kleinen Straßen und Gassen sich durch nichts als fest verschlossene Fenster und Türen, willkürlich abgestellte Autos und, wie mir scheint, wenig Lust oder auch keinerlei Notwendigkeit, dem Besucher zu gefallen, auszeichnen. Die ältesten Häuser von Lisle-sur-Tarn – und eigentlich sind fast alle Häuser hier sehr alt – sind aus kleinen, zwischen senkrecht stehenden Balken übereinandergeschichteten Ziegeln errichtet – der rote Lehm dafür stammt aus dem Fluss. Das Dorf hat sich seinen mittelalterlichen Grundriss bewahrt, mit einem großen viereckigen, von Bogengängen gesäumten Platz, an dem sich die einzigen Geschäfte und Bars sowie das Rathaus befinden. Als ich morgens um acht, von Albi aus, wo ich übernachtet habe, hier eintreffe, ist weder auf den Straßen noch dem Platz jemand zu sehen, obwohl die drei Bars bereits geöffnet haben. Ich setze mich auf die Terrasse vor der Bar *Saint-Louis* und trinke einen Kaffee, den mir eine freundliche Kellnerin serviert, die mich fragt, woher ich komme. Mehrere große Männer mit dunklem Teint aus dem Ort treffen ein und bestellen ebenfalls Kaffee, den ersten des Morgens. Während sie sich unterhalten, hallen ihre kräftigen Stimmen über den Platz, in dessen Mitte ein wasserloser Brunnen steht, der jedoch mit Blumen bepflanzt ist. Um einmal alle Straßen des Ortes abzulaufen, benötigt man kaum mehr als eine halbe Stunde. Ich mache mich zuerst auf die Suche nach der Rue des Petits Augustins, wo unser Onkel gewohnt hat, wie ich weiß, weil es auf den Umschlägen seiner von hier abgesandten Briefe steht, die ich besitze. Das Haus ist vollständig verschlossen und es wohnt schon seit mindestens zehn Jahren niemand mehr darin, wie mir eine Frau versichert, die etwas jünger als ich ist. Sie ist vor acht Jahren mit ihrem Mann hierher gezogen, der auf einem großen, zwölf Kilometer entfernten Gut arbeitet. Ein Straßenkehrer fegt schweigend das trockene Laub zusammen und verfolgt unsere kurze Unterhaltung, und aus einem nahegelegenen Haus dringen die Stimmen von Kindern, die offenbar gerade aufgewacht sind. Als Nächstes gehe ich zum graugrün changierenden Fluss, der schwerlich ruhiger und schöner inmitten der üppigen Vegetation dahinfließen könnte. Ich versuche, mir die langen Spaziergänge unseres fremden Verwandten durch diesen Ort und seine Umgebung vorzustellen, vielleicht gelang es ihm ja, hier seine Liebe zur Natur und zu den Vögeln wieder zum Leben zu erwecken, an der Seite seiner Frau Rosario, deren Gesundheitszustand stets gefährdet war – ein kinderloses spanisches Ehepaar, das in einem französischen Ort alt wird, wie es ihn sich während seiner verlorenen Jugend nicht einmal im Traum hätte ausmalen können. Immer weiter entfernt in Raum und Zeit bleibt Madrid hinter ihnen zurück wie ein in sich zusammensinkender Schatten.

Von dem Tag im September 1936, an dem Ramón Chico von Madrid nach Alicante aufbrach, um die Leitung des zwischen Jijona und Alcoy gelegenen Munitionslagers am La Carrasqueta-Pass zu übernehmen, bis zu seiner Akunft in Lisle-sur-Tarn im Winter 1945 vergingen fast zehn Jahre. Die Welt hatte sich in dieser Zeit jedoch so sehr verändert, dass man hätte glauben können, es seien zweihundert Jahre verstrichen. Auf den Militärputsch reagierte er so entschlossen und eindeutig, wie es ihm als loyalem Anhänger der Republik und, wie mein Vater so gerne sagte, gebildetem und wahrheitsliebendem Menschen entsprach, und sein Verhalten während der folgenden drei Kriegsjahre rechtfertigte nicht nur das ihm von seinen Vorgesetzten entgegengebrachte Vertrauen, sondern bestätigte auch, dass er den durch Familientradition auf ihn übergegangenen Idealen – sein Vater hatte der ersten Republik gedient – treu ergeben war. Was für ein Mensch er war, zeigt sich auch an der folgenden Anekdote, die man mir oft erzählt hat: Am Tag nach seiner Ankunft in Jijona fertigte er als Erstes eigenhändig – er ließ nicht zu, dass einer seiner Untergebenen dies übernahm – eine genaue Liste all der Gegenstände an, die sich in dem Haus befanden, das für die Erfüllung seiner Aufgabe hatte beschlagnahmt werden müssen, damit es dem Eigentümer im ursprünglichen Zustand übergeben werden könne, sobald er es eines Tages wieder verlassen würde. In dem am Ortsrand gelegenen Haus wohnten er und Rosario bis zum Frühjahr 1938, allerdings war er in diesen zwei Jahren wegen seiner militärischen Verpflichtungen ständig zwischen Alicante, Valencia und Albacete unterwegs. Dafür stand ihm ein Dienstwagen zur Verfügung, dessen Fahrer, ein gewisser Guillermo, nicht nur Mitglied der Kommunistischen Partei war, sondern offensichtlich auch über seine bloße Chauffeurstätigkeit hinausgehende Aufgaben zu erfüllen hatte – er sollte den Major überwachen, genauer gesagt, dessen Gesinnung. Gemeinsam rumpelten sie über Landstraßen in teilweise katastrophalem Zustand und machten alle möglichen tragischen und komischen Erlebnisse durch, vor allem aber wurden sie enge Freunde. Einmal wurde unser Onkel aus einem mir nicht bekannten Grund in Valencia von einer Gruppe Milizionäre festgenommen. Als er bereits seit mehreren Stunden in einer Zelle saß, erschien plötzlich, mit einem Gewehr in der Hand, Guillermo und forderte seine Bewacher auf, ihn augenblicklich freizulassen – es gebe in ganz Spanien keinen Soldaten, der der Sache der Republik treuer ergeben sei, versicherte er. Die Milizionäre taten, wie ihnen befohlen, und alles ging weiter wie zuvor. Ich weiß nicht, warum ich mich vor allem an Anekdoten wie diese erinnere, vielleicht war ich, als ich sie erzählt bekam, einfach noch zu jung, um den Grund für so viel Misstrauen zu verstehen – wie konnte es sein, dass sie sich gegenseitig dermaßen verdächtigten, wo sie doch derselben Seite angehörten? Wie der Gang der Ereignisse zeigte, hätte man sich in Ramón Chicos Fall derlei Zweifel in jedem Fall sparen können, ging doch das ihm unterstellte und strategisch so wichtige Munitionslager am La Carrasqueta-Pass erst verloren, als der Krieg insgesamt endgültig verloren war, und das, obwohl es während der gesamten Zeit den Angriffen der feindlichen Luftwaffe ausgesetzt war. Seine Madrider Familie, also die fünf Schwestern und den zwölfjährigen Neffen – meinen Vater –, brachte Ramón Chico währenddessen in Albacete unter, wo sie nicht nur seiner Ansicht nach sicherer waren, sondern auch näher bei ihm. Außerdem lebten dort Verwandte – mehrere Onkel, Tanten, Neffen und Nichten –, die sie mit offenen Armen bei sich aufnahmen. Durch ihre Vermittelung fand meine Großmutter dort zunächst eine Arbeit als Schreibkraft beim Fahrdienst des Heeres und später als persönliche Sekretärin des Zivilgouverneurs. Zusammen mit meinem Vater fuhr sie außerdem öfters nach Jijona und verbrachte mehrere Tage in dem beschlagnahmten Haus am Ortsrand, in dessen Garten Tag und Nacht ein Schäferhund mit Namen Gong wachte, der vermutlich ebenfalls beschlagnahmt worden war. Mein Vater sollte ihn zeitlebens in liebevoller Erinnerung behalten – meinen ersten Hund benannten wir nach ihm. Häufiger kam es jedoch vor, dass Ramón Chico Dienstreisen zu Abstechern nach Albacete nutzte, um bei seiner Familie vorbeizusehen. Bei diesen Besuchen kam es regelmäßig zu politischen Auseinandersetzungen, nahm im Lauf der Monate die Zahl der Anhänger der aufständischen Militärs unter den Verwandten doch stetig zu. Die ein wenig frömmlerischen vier älteren Schwestern sagten sich als Erste von der Republik los und machten dem Bruder Vorwürfe wegen der Übergriffe, denen sich die Kirche in Gestalt ihrer materiellen Güter wie auch ihrer Priester und Bischöfe ausgesetzt sah. Die Onkel, Tanten, Vettern und Nichten, die durch Nachrichten aus dem Radio verschreckt und aufgebracht waren, schlossen sich ihnen nach und nach an. Nur meine Großmutter hielt ihrem Bruder und folglich der Republik aus persönlicher Überzeugung die Treue, wie auch mein Vater, der dem bewunderten Onkel bedingungslos ergeben war. Wenn der Major, stets in Begleitung Guillermos, zu Besuch in Albacete war und man sich, sein Chauffeur eingeschlossen, gemeinsam zu Tisch setzte, begannen lange und häufig unangenehme Diuskussionen, bei denen Ramón Chico – immer nach Aussage meines Vaters – seine Sicht der Dinge nicht vollständig zum Ausdruck bringen konnte, da ja auch sein kommunistischer Fahrer – so sehr dieser inzwischen sein Freund war – dabei war. Erst nach dem Essen, bei dem die Stimmung zeitweilig äußerst angespannt war, versammelte mein Onkel einige seiner inzwischen offenkundig der Gegenseite zugeneigten Verwandten in einem anderen Zimmer und versuchte, sie zu beschwichtigen, indem er versicherte, dass er viele ihrer Sorgen nachvollziehen könne, ja teile, und sie dennoch ihrerseits um Verständnis und Geduld bat. Von Besuch zu Besuch erschien mein Onkel, meinem Vater nach, immer magerer, wie er sich auch zunehmend in sorgenvolles Schweigen hüllte, obgleich er die Hoffnung offensichtlich nie ganz aufgab, war er doch überzeugt, dass der Krieg zuletzt gewonnen werden würde. Als verfügte er über irgendwelche vertraulichen Informationen – die er selbstverständlich nicht vollständig preisgeben könne –, erklärte er folglich regelmäßig, dass alles schon bald, in wenigen Monaten, vorbei sein werde, weshalb er die Familie ermunterte, sich auf die Rückkehr nach Madrid vorzubereiten, die jeden Augenblick angeordnet werden könne. Manchmal setzte, kaum dass er diese oder ähnliche Dinge verkündet hatte, Sirenengeheul ein, woraufhin alle schlagartig vom Tisch, an dem sie gerade aßen, aufstehen und sich in den Schutzraum begeben mussten, bis die Flugzeuge der Faschisten einmal mehr ihre Bombenfracht auf die Stadt hatten niedergehen lassen. Gelegenheiten wie diese bestätigten, ja vergrößerten noch die Bewunderung meines Vaters für seinen Onkel, kehrte dieser doch, nachdem er sie alle in den Schutzraum bugsiert hatte, seelenruhig ins Haus zurück, um dort abzuwarten, bis sie das Essen fortsetzen konnten.

Im Frühjahr 1938 wurde Ramón Chico auf eine neue Stelle im Kriegsministerium berufen, das, so wie die gesamte Regierung von Juan Negrín, einige Monate zuvor nach Barcelona umgesiedelt war, jetzt Ministerium für Nationale Verteidigung hieß und nach dem Rücktritt des bisherigen Amtsinhabers Indalecio Prieto von Ministerpräsident Negrín selbst geleitet wurde. Seitdem erschien der Major nicht mehr bei den Verwandten in Albacete. Dafür zog seine Frau Rosario, um deren Gesundheit es noch nie zum Besten bestellt gewesen war – sie litt an einer seltenen Nierenkrankheit –, Ende des Jahres zu ihnen – das Paar wollte auf diese Weise vermutlich besser für die absehbar bevorstehenden Ereignisse gerüstet sein. Das letzte gemeinsame Familienessen – an dem auch der Fahrer Guillermo teilnahm – fand Anfang April 1938 statt, genauer gesagt am Ostersonntag. Trotz allem war die Stimmung heiter, wie mein Vater erzählte, ging man doch davon aus, dass unser Onkel, der bei den Luftangriffen auf das ihm unterstellte Munitionslager bereits zweimal verletzt worden war, in Barcelona sehr viel weniger gefährdet sein würde. Auf Streitgespräche verzichtete man an diesem Tag, auch wenn die älteren Schwestern das Fest gerne ganz nach ihren religiösen Vorstellungen begangen hätten. Gespeist wurde bescheiden, wie es unter den damaligen Umständen gar nicht anders sein konnte – die Lebensmittel waren rationiert, vor allem gab es russische Linsen, was unserem Vegetarier-Onkel jedoch nicht allzu viel ausgemacht haben dürfte. Womit genau er während der letzten Kriegsmonate in Barcelona beschäftigt war, hat mein Vater, wie mir scheint, nie herausfinden können, und ebenso wenig wusste er, wie es um seine Verbindung zu Negrín oder zu dessen engsten Mitarbeitern im Ministerium bestellt war – in jedem Fall waren diese zu dem Zeitpunkt bekanntermaßen fast alle Mitglieder der Kommunistischen Partei.

Der Friedhof von Lisle-sur-Tarn liegt ungefähr zwei Kilometer vom Zentrum mit dem geräumigen, von Bogengängen gesäumten mittelalterlichen Platz entfernt, der nicht nur die Hauptsehenswürdigkeit des Ortes darstellt, sondern auch die Stelle, wo man noch am ehesten auf einen seiner wenigen Bewohner oder einen der noch selteneren Touristen treffen kann, die beschließen, zu Besichtigungszwecken einen Abstecher von der A68 zu unternehmen. Als ich nach dem mehr als anständigen Kaffee in der Bar *Saint-Louis* und meinem kurzen Rundgang durch die verwinkelten Gassen wiederum zu Fuß auf dem Friedhof eintreffe, ist es halb zehn und die Sommersonne wärmt schon tüchtig. Der Friedhof ist größer, als ich mir vorgestellt hatte. Vor allem sind dort Familiengräber zu sehen, viele davon, besonders die neueren Datums, aus schwerem grauem Granit. Es gibt aber auch einen Bereich – links vom Eingang – mit zahlreichen sehr einfach gestalteten Einzelgräbern, die alle schon ein gewisses Alter aufweisen und deren Inschriften durch die Einwirkungen des Wetters zum Teil unleserlich geworden sind. Dort mache ich mich auf die Suche nach dem Grab unseres Onkels Ramón Chico, versuche eine nach der anderen die Inschriften zu entziffern, und stoße zu meiner Verwunderung zuletzt doch noch darauf – nachdem ich mich fast eine halbe Stunde lang vergeblich abgemüht und zudem mehrere Gräber mit komplett ausgelöschten Namen übersprungen hatte, wollte ich die Hoffnung fast schon aufgeben. Aber nein, auf einmal lese ich:

ICI REPOSE
LE COMMANDANT
RAMON CHICO
DÉ LE 16 FEVRIER 1970
ÂGE DE 79 ANS
PPL

Ich denke weniger an Ramón Chico, den ich nie persönlich kennengelernt habe – und von dem vielleicht noch ein paar Knochen in diesem Grab liegen –, als an die, die ihn im Gegensatz zu mir sehr gut kannten und ihn liebten und bewunderten, also an meine Großmutter und meinen Vater, denen ich gerne gerne gesagt hätte, dass ich heute hier gewesen bin. Gerne hätte ich auch in ihrem Namen ein paar Tränen vergossen, aber dass ich plötzlich doch noch auf das Grab gestoßen bin, hat eher Unruhe als Bewegung in mir hervorgerufen – in jedem Fall weiß ich nicht genau, was ich in diesem Augenblick tun oder denken soll. Wäre ich imstande, die nötige christliche Ergebenheit aufzubringen, oder wüsste ich wenigstens, dass dem Major an solchen Dingen gelegen war, würde ich ein Vaterunser beten. Ob in der Theosophie für solche Gelegenheiten etwas Besonderes vorgesehen ist, weiß ich nicht, ich habe die Schriften von Madame Blavatsky nicht gelesen, andernfalls würde ich jetzt vielleicht feststellen, dass meine Anwesenheit an diesem Ort alle möglichen so verborgenen wie gewichtigen Bedeutungen in sich vereint. Blumen habe ich nicht mitgebracht und ich weiß auch nicht, wo ich hier welche bekommen könnte. Also bleibe ich einfach eine Weile schweigend vor dem Grab stehen und betrachte es – so hätten sich mein Vater und meine Großmutter, wie mir scheint, auch verhalten. In der Stille stellen sich Fragen ein, auf die es vielleicht niemals eine Antwort geben wird. Inwiefern solch ein ärmliches, ungepflegtes und verlorenes Grab auf einem französischen Provinzfriedhof das Leben eines mit neunundsiebzig Jahren im Exil gestorbenen Mannes versinnbildlicht, darüber denke ich lieber nicht nach – es sagt vor allem etwas über uns aus und über die Art, wie wir vergessen. An einer Stelle hat jemand, wahrscheinlich am Tag der Beerdigung, ein rosafarbenes Granittäfelchen angebracht, es trägt die Inschrift *À notre ami*. Grab, Kreuz und Täfelchen – seit jenem Tag im Februar 1970 ist all dies unter dem Einfluss von Sonne, Regen, Wind und Schnee immer älter geworden und verwittert. Wer waren hier seine Freunde? Auch sie sind auf diesem Friedhof begraben, und die meisten von ihnen waren wahrscheinlich Spanier. Auf manchen Grabsteinen stehen Nachnamen wie Martínez, Pastor, García, Sánchez. Einige ruhen unter prächtigem hartem Granit, obwohl sie ihr Exilantenleben im Schutz bescheidener roter Ziegel verbracht haben – ihre französischen Kinder und Enkel haben sich angemessen um sie und ihre steinerne Verewigung gekümmert und tun dies immer noch. Ramón Chico muss unter den Spaniern, die sich wie er in Lisle-sur-Tarn niederließen und schließlich dort starben, bis zuletzt ein seinem militärischen Rang entsprechendes Ansehen besessen haben, nur so ist meiner Ansicht nach das seinem Namen auf der Grabinschrift vorangestellte *LE COMMANDANT* zu erklären, das Zeugnis für die untergegangene Republik ablegt, aber sicherlich ebenso der Achtung geschuldet ist, die ihm die Freunde und Nachbarn aus dem Ort zeitlebens erwiesen. Unter dem rosafarbenen Täfelchen, das die Freundschaft beschwört, sieht an einer

Seite ein blauer Zettel in einer Plastikhülle hervor – wie bei fast allen Grabsteinen in diesem Bereich des Friedhofs. Es handelt sich um einen Hinweis der Gemeindeverwaltung, der besagt, »*que toute personne susceptible de fournir des renseignements sur cette tombe est invitée à s'adresser à: Accueil de la Mairie, Place Paul Saissac.*«

Ende Februar 1939 schloss sich auch Ramón Chico dem langen Flüchtlingsstrom an, der sich schon seit Beginn des Jahres in Richtung Frankreich bewegte. Seit Mitte Januar hatte er sich in Figueras aufgehalten, wohin angesichts des franquistischen Vormarsches auf Barcelona alle noch halbwegs funktionsfähigen offiziellen Institutionen auf Anweisung Negríns verlegt worden waren. Wenige Wochen später sollte auch Figueras besetzt werden, womit der Krieg endgültig verloren war. Nachdem mein Großonkel bei Port Bou die Grenze überquert hatte, wurde er in das am sogenannten Nordstrand gelegene Lager Argelès-sur-Mer gebracht, eins der ersten Flüchtlingslager, die die französischen Behörden in dieser Gegend eingerichtet hatten. Schon zu diesem Zeitpunkt hatten Tramontana, Kälte, Hunger und alle möglichen Krankheiten den Ort in einen Schauplatz des Grauens und Todes verwandelt. Obwohl das Lager bereits seit fast einem Monat bestand und mittlerweile über einhunderttausend Flüchtlinge beherbergte, war noch nicht eine Baracke fertig, weshalb die auf der einen Seite vom Meer und auf den anderen Seiten durch Stacheldraht eingezäunten und von zwei senegalesischen Schützenkompanien bewachten Leute auf dem bloßen Sand schlafen mussten. Da es keinerlei Toiletten gab und die Verstorbenen an Ort und Stelle begraben werden mussten, dauerte es nicht lange, bis sich Typhus und Ruhr ausbreiteten. Es mangelte nicht nur an Essen und Trinken, sondern auch an medizinischer Versorgung, während die französischen Militärs, deren Befehl der todbringende Strand unterstellt war, offensichtlich nichts

Wichtigeres zu tun hatten, als zu versuchen, die verzweifelten Flüchtlinge zur Rückkehr nach Spanien zu bewegen. Viele ließen sich überreden, mit tragischen Folgen. So vergingen die Tage ohne jede Aussicht auf Besserung, bis schließlich Ende März mehrere Tausend Flüchtlinge in neue, zur Entlastung von Argelès errichtete Lager verlegt wurden, unter ihnen unser Onkel Ramón, der auf diese Weise nach Septfonds gelangte, ein kleines Dorf nördlich von Montauban, im Département Tarn-et-Garonne, wo er zum ersten Mal den Fluss zu sehen bekam, der ihn für den Rest seines Lebens begleiten sollte. Auf dem beschwerlichen Transport dorthin, in Lastwagen und Zügen, an den sich ein vier Kilometer langer Fußmarsch vom Bahnhof zum Lager anschloss, bei heftigem Regen und angetrieben von Gewehrkolbenschlägen, zog er sich eine schwere Lungenentzündung zu, die er wie durch ein Wunder und dank der Unterstützung mehrerer Schicksalsgefährten überlebte, die sich hartnäckig dafür einsetzten, dass er in die im nahegelegenen Dorf eingerichtete Krankenstation gebracht wurde, von wo er erst drei Wochen später wieder ins Lager zurückkehrte – in der Zwischenzeit waren dort die ersten fensterlosen Holzbaracken entstanden, durch deren Dächer an so vielen Stellen das Wasser tropfte, dass die schwarze Erde, auf der die Flüchtlinge schlafen mussten, stets durchgeweicht war. Aus den Baracken von Septfonds trafen irgendwann die ersten Briefe in Albacete ein, die vor allem beruhigend wirken wollten und nicht alle, aber doch den Großteil der Nöte aussparten, die der Ehemann, Bruder und Onkel während der ersten Monate seines Exils hatte durchmachen müssen. Wie mein Vater erzählte, las meine Großmutter diese Briefe laut vor, wonach jedes Mal Grabesstille herrschte, keiner der Anwesenden, die ringsum niedergeschlagen auf Sesseln und Stühlen saßen, wusste, was er sagen oder tun sollte. Der Lageralltag in Septfonds, wo die Winter sehr kalt und die Sommer äußerst heiß sind, war so eintönig, wie man es sich nur vorstellen kann. In den ersten Monaten forderte der Mangel an Lebensmitteln unter den Flüchtlingen an die hundert Todesopfer, deren Überreste heute im sogenannten *Cimetière des espagnols réfugiés* beerdigt liegen. Ab dem Sommer trafen auch polnische und jüdische Flüchtlinge im Lager ein, das schon bald als *Camp de Judes* bekannt und unter militärische Verwaltung gestellt wurde. So ging es bis Januar 1945. Zu den dann endlich befreiten Insassen gehörte auch unser Major Chico. Vollkommen zu Recht wurde allen die unbegrenzte Aufenthaltsgenehmigung für Frankreich verliehen, hatte man sie doch während all der Jahre in den verschiedensten Départements auf dem Bau oder in der Landwirtschaft als Arbeitskräfte eingesetzt. Auch unser Onkel wurde in den ersten beiden Jahren zunächst mehrfach zu Arbeitseinsätzen auf Maispflanzungen in der Nähe von Montauban – also nicht weit vom Lager entfernt – geschickt, allerdings brauchte er sich, wahrscheinlich aufgrund seines Alters – bei der Ankunft in Septfonds stand er kurz vor seinem neunundvierzigsten Geburtstag –, vielleicht auch wegen seines militärischen Rangs, vor allem aber wegen seines angegriffenen Gesundheitszustands – die Lungenentzündung hatte schwere Folgen hinterlassen –, schon bald nur noch um Verwaltungsaufgaben und die Koordination der Arbeitsgruppen zu kümmern. Möglicherweise – das ist jedoch bloß eine Vermutung von mir – fand er nach der Befreiung gerade aufgrund der im Rahmen dieser Tätigkeit geknüpften Verbindungen zu verschiedenen Gutsbesitzern der Gegend die Arbeit, mit der er in den folgenden fünfundzwanzig Jahren seinen Lebensunterhalt bestreiten sollte, genauer gesagt eine bescheidene, aber ruhige Anstellung als Verwalter mehrerer kleinerer landwirtschaftlicher Betriebe rings um Lisle-sur-Tarn. Seine Frau Rosario verließ daraufhin Spanien und zog zu ihm nach Frankreich, wo die beiden fortan lernten, in der Hoffnung auf Rückkehr und der zunehmenden Einsicht in ihre bittere Niederlage und die Einsamkeit des Vergessenwerdens zu leben. Nach dem Tod des Majors im Jahr 1970 kehrte Rosario nach Madrid zurück, wo sie nur ein Jahr später starb.

Mit dem blauen Zettel vom Grab Major Chicos in der Hand – von dem ich mehrere Fotos gemacht habe – finde ich mich um elf Uhr morgens im Rathaus von Lisle-sur-Tarn ein, wo mich eine sehr freundliche junge Frau mit Namen Justine empfängt. Auf einem großen Friedhofsplan, den sie mit einiger Mühe auf dem Bürotresen ausbreitet, suchen wir gemeinsam das – wie viele andere – mit Filzstift rot markierte Grab heraus. Sie fragt, in welcher Beziehung ich zu dem Verstorbenen stehe, und auf meine Erklärung hin dreht sie sich um und tritt an einen Metallschrank. Sie sucht eine Weile darin herum und kehrt dann mit einem schweren Ordner zurück, dem sie mehrere Papiere entnimmt und mir zu lesen gibt. Ramón Chico, bis dahin wohnhaft Rue des Petits Augustins, wurde am 17. Februar 1970, einen Tag nach seinem Tod, neben dem Grab eines gewissen Claude Blanc beerdigt, der zwei Jahre davor verstorben war. Die Witwe, Rosario López, entrichtete bei der Gemeindeverwaltung die vorgesehene Gebühr in Höhe von vierunddreißig Francs. Vor sechs Monaten ist die Ruhezeit jedoch abgelaufen – die Beerdigung liegt mittlerweile vierzig Jahre zurück –, und um sie um weitere vierzig Jahre zu verlängern und so zu verhindern, dass das Grab aufgelöst und die womöglich dort noch befindlichen Überreste für immer ins Massengrab des Friedhofs überführt werden – das übrigens ebenfalls mit makellos grauen Granitplatten bedeckt ist –, müsste die Gebühr erneut bezahlt werden. Nachdem ich das entsprechende Formular ausgefüllt habe, kommt mir der Tag wieder in den Sinn, an dem ich zum ersten Mal von der Existenz Ramón Chicos erfuhr – es war der Tag, an dem er starb. Bis dahin wusste ich nicht das Geringste über ihn, und allzu viel habe ich seitdem auch nicht herausfinden können, obwohl bei uns zu Hause häufig sein Name fiel und verschiedene Episoden seines Lebens immer wieder zur Sprache kamen, stets von einer Art heiliger Ehrfurcht begleitet – die jedoch meistens unweigerlich in Schweigen überging – wie auch von einer Trauer, die gleichermaßen ehrlich wie einer unendlich fernen Vergangenheit zugehörig schien, als wäre das Leben dieses fremden Verwandten schlichtweg in einer anderen Zeit und Welt verlaufen, einer Zeit und Welt, die nicht das Geringste mit der glücklichen und optimistischen Zeit und Welt zu tun hatten, die wir damals erlebten. Das Grab von Major Chico, samt allem, was darin von ihm noch enthalten sein mag, gehört jetzt mir, so besagen es eindeutig die von der Gemeinde Lisle-sur-Tarn abgestempelten Papiere, mit denen ich das Rathaus verlasse – wenigstens für die nächsten vierzig Jahre besitze ich also ein Stück Land im Südwesten Frankreichs, ein ziemlich kleines Stück Land, natürlich, und dennoch gehört es zweifellos zu unserer Zeit wie auch, soweit ich sehe, immer noch zu unserer Welt.

Vicente Valero,
geboren 1963 auf Ibiza, wo er auch heute lebt. Er hat zahlreiche Gedichtbände veröffentlicht, dazu Essays und erzählende Prosa. Auf Deutsch erschien 2006 »Der Erzähler. Walter Benjamin auf Ibiza 1932 und 1933« (Parthas).

Peter Kultzen
wurde 1962 in Hamburg geboren und lebt als freier Lektor und Übersetzer aus dem Spanischen und Portugiesischen in Berlin. 1994 und 2011 erhielt er den Übersetzerpreis der Botschaft von Spanien in Deutschland.

Die Originalausgabe erschien 2014 unter dem Titel *Los extraños*
bei Editorial Periférica, Cáceres.

Konzeption | Gestaltung: Antje Haack | www.lichten.com
Satz | Herstellung: Büro für Gedrucktes, Beate Mössner
Abbildungen: Einbandvorderseite, Einbandrückseite und
Frontispiz von akg-images
Reproduktion: Frische Grafik, Hamburg
Druck | Bindung: CPI – Clausen & Bosse, Leck
Printed in Germany
ISBN 978-3-946334-25-5